卢卡奇文集　　张亮　主编

尾巴主义与辩证法

[匈牙利]格奥尔格·卢卡奇　著

谢廷玉　译　刘健　校

江苏人民出版社

图书在版编目（CIP）数据

尾巴主义与辩证法 / （匈）格奥尔格·卢卡奇著；
谢廷玉译. — 南京：江苏人民出版社，2024.6（2024.11 重印）
（卢卡奇文集 / 张亮主编）
ISBN 978 - 7 - 214 - 28417 - 4

Ⅰ. ①尾… Ⅱ. ①格… ②谢… Ⅲ. ①唯物辩证法一
研究 Ⅳ. ①B024

中国国家版本馆 CIP 数据核字（2023）第 185647 号

卢卡奇文集
张　亮　主编
尾巴主义与辩证法
［匈牙利］格奥尔格·卢卡奇　著；谢廷玉　译，刘　健　校

项 目 统 筹	贺银垠	
责 任 编 辑	陈　颖	
特 约 编 辑	贺银垠	
装 帧 设 计	言外工作室·林夏	
责 任 监 制	王　娟	
出 版 发 行	江苏人民出版社	
地　　　　址	南京市湖南路 1 号 A 楼，邮编：210009	
照　　　　排	江苏凤凰制版有限公司	
印　　　　刷	江苏凤凰新华印务集团有限公司	
开　　　　本	890 毫米×1 240 毫米　1/32	
印　　　　张	7.75　插页 4	
字　　　　数	173 千字	
版　　　　次	2024 年 6 月第 1 版	
印　　　　次	2024 年 11 月第 2 次印刷	
标 准 书 号	ISBN 978 - 7 - 214 - 28417 - 4	
定　　　　价	48.00 元（精装）	

（江苏人民出版社图书凡印装错误可向承印厂调换）

摄于 1917 年

摄于 1945 年

摄于 1971 年

写在前面

　　改革开放以来，20 世纪西方思想开始大规模进入中国，深刻影响了当代中国知识界思想世界的构成。进入 21 世纪后，走向成熟的中国学术界开始用编译全集或多卷本文集这种隆重的方式，向那些曾经深刻影响过当代中国的 20 世纪西方思想大师致敬。在最应当致敬的名单中，显然不能缺少格奥尔格·卢卡奇。但目前市面上，尚且缺乏卢卡奇的全集或选集。

　　格奥尔格·卢卡奇是匈牙利著名的哲学家、美学家、文学理论与文学史家，也是 20 世纪最重要的西方思想家之一、最重要的马克思主义理论家之一。1935—1944 年、1955 年以后、1978 年以后，卢卡奇分别以现实主义文学理论家、"修正主义"代表人物、"西方马克思主义"创始人三种不同的理论身份经由译介进入中国，产生了不同的思想效应，在学术界激起层层涟漪。与改革开放后被引入中国的其他 20 世纪西方思想家不同，在这一时期卢卡奇的著作与思想深刻参与了中国马克思主义理论形态和学术形态的当代重塑，像盐溶于水般，成为当代中国马克思主义理论与学术传统的有机组成部分。就此而言，卢卡奇是西方的，也是中国的。

如果将 1935 年《译文》杂志第 2 卷第 2 期上刊载的《左拉与现实主义》一文视为卢卡奇及其思想进入中国的起点，那么，中国的卢卡奇翻译史就已有近 90 年，翻译总量亦已超过德文版《卢卡奇全集》的一半。这是一个不容小觑的成就。不过，由于早期翻译的历史局限性及各种主客观原因，当前卢卡奇著作编译的选目与质量显然已不再能满足当今中国学术界的需要。这是因为：第一，相关出版物相对分散，缺乏系统性，有些图书甚至已近绝版，导致对卢卡奇著作的使用存在诸多不便；第二，翻译的时间跨度很长，译者群体较大且彼此缺乏交流与沟通，导致此类出版物中译文的统一性、规范性不强；第三，卢卡奇不同时期著作的翻译量不均衡，总体上呈现早期少、后期多的格局，与研究需求的匹配度不够高；第四，堪称精良的译本不多。

当前中国的卢卡奇研究正处于复兴的前夜。规模适当、选目精当的关于卢卡奇著作的文集将有利于推动研究的复兴和走向深入。鉴于此，《卢卡奇文集》应运而生。本文集秉持"书是用来读的"理念，将自身定位为可用、好用的学术普及版文集，努力以高质量的文献考订工作为基础，精选能够代表卢卡奇哲学、美学、文学理论的经典著作，进而有效覆盖卢卡奇思想发展的每一时期、每一侧面，以期完整呈现卢卡奇一生的丰富思想历程，让读者能够形成全面的认识，有效满足当代中国学术界尤其是青年研究者的阅读和研究需要。

张　亮

目　录

尾巴主义与辩证法 *

* 本译文以德文版为主要参照（Georg Lukács, *Chvostismus und Dialektik*, hg. von László Illés, Budapest：Áron Verlag, 1996），也参考了英译本（Georg Lukács, *A defence of History and Class Consciousness：Tailism and the Dialectic*, tran. Esther Leslie, London：Verso, 2000）。为了便于读者理解，本译文也将英译本注译出。

一 导言

　　对于我的作品《历史与阶级意识》，已经有一些批评出现。这些批评来自拉斯洛·鲁达什①和艾布拉姆·德波林②，并发表在《工人文学》（*Arbeiterliteratur*）的第九、十、十二期上。③ 对这些批评，我不可能视而不见，不作回应。就我自己而言，我欢迎哪怕是最严厉的批评。在《历史与阶级意识》的序言中④，我明确地将该书描述为一部供读者讨论的文本。在我看来，书中很多内容都有

<hr>

① 拉斯洛·鲁达什（L. Rudas，1885—1950）是匈牙利共产党的主要成员之一，也是第一届中央委员之一。在匈牙利革命期间，鲁达什与卢卡奇一度并肩作战。（本书注释如无特殊说明，均为译者注）

② 艾布拉姆·德波林（A. Deborin，1881—1963）是苏联马克思主义哲学家。由于德波林在1917年前一度身处孟什维克的阵营，并被视为普列汉诺夫的弟子，因而卢卡奇在后文中说德波林的孟什维克主义"昭然若揭"且"一以贯之"。

③ 这些文章均发表于1924年，旨在对《历史与阶级意识》进行批评。其中，鲁达什的批评文章包括：„ Orthodoxer Marxismus? "，*Arbeiterliteratur*，1924，IX，S. 493 – 517；„ Die Klassenbewussteinstheorie von Lukács"，*Arbeiterliteratur*，1924，X，S. 669 – 697，XI，S. 1064 – 1089。德波林的批评文章则包括：„ Lukács und seine Kritik des Marxismus"，*Arbeiterliteratur*，1924，X，S. 615 – 640。而《尾巴主义与辩证法》则是对它们的回应。然而卢卡奇并未发表其手稿，也从未提及这一文本的存在。据学者推测，该文本应当完成于1925—1926年。

④ 参见［匈］卢卡奇《历史与阶级意识》，杜章智等译，商务印书馆1992年版，第45页。

待修正；对于书中很多内容，我今天也会以相当不同的方式进行表述。我的意图并不是为该书本身辩护。如果我看到写作该书的目的已经达成，因而可以认为该书已完全过时，那么我会非常高兴。而写作该书的目的是什么呢？是为了从方法论上说明布尔什维克主义的组织和策略是马克思主义的唯一可能结果，是为了说明布尔什维克主义的问题是以逻辑的方式——自然是辩证-逻辑的方式必然地从唯物辩证法中衍生出来的，这也符合辩证唯物主义创始人的初衷。即便该书的内容体无完肤，但只要它还意味着在上述方面取得某些进步，那么我就会默默地为这些进步而感到高兴，也不会为我书中的哪怕是一句话辩护。

然而，我的批评者恰恰与该书之宗旨背道而驰。他们利用论战的形式，将孟什维克的元素偷运到马克思主义和列宁主义之中。因此，我必须进行反击。我不是在为我的书辩护。我是在攻击德波林昭然若揭的孟什维克主义和鲁达什的尾巴主义。① 德波林的孟什维克立场一以贯之。但鲁达什同志是一名布尔什维克。我在多年的党内工作中与他熟识。但正因如此，我无法将他曾给予我的承认②——

---

① "尾巴主义"指的是"放弃领导，依从落后意见行事"的作风。毛泽东与列宁都曾使用过这一表述。如毛泽东曾说："在一切工作中，尾巴主义也是错误的，因为它落后于群众的觉悟程度，违反了领导群众前进一步的原则，害了慢性病。"（《毛泽东选集》第 3 卷，人民出版社 1991 年版，第 1095 页。）列宁也曾论述："这个理论使我们的机会主义者得到尾巴主义者的绰号。他们一筹莫展地尾随在事变的后面，从一个极端跳到另一个极端，在一切场合缩小革命无产阶级活动的范围，降低对革命无产阶级的力量的信心。"（《列宁全集》第 9 卷，人民出版社 1987 年版，第 236 页。）
② 参见 *Arbeiterliteratur*，IX，S. 493。——原注

"他从未动摇过哪怕一分钟，始终坚定而明确地与机会主义相抗争"① ——同样用于对他的活动的评价。眼下的这场辩论和有关匈牙利共产党的种种问题并无关系。因此，我将从鲁达什同志的哲学论述中发掘他那一以贯之的尾巴主义倾向。为了说明他的看法，我将仅援引他最近发表的政论文章（即《托洛茨基同志论匈牙利的无产阶级革命》[Genosse Trotzky über die ungarische Proletarierrevolution]一文），这是他"在俄国共产党当了两年学徒后"所完成的。② 鲁达什同志怀疑③，我在抱怨自己所受到的"误解"④。但我绝没有如此。他说，"误解都是不符合逻辑的"，这一点我是完全同意的。但也正因如此，我完全可以理解他对我的不理解：他不理解党**在革命**

---

① 鲁达什写道："在德国的哲学界，卢卡奇同志在成为共产党员之前，早已享有哲学家的美名，而且他确实被称为走自己的路、独立思考的哲学家；不简单地咀嚼伟大的思想家留给后人的东西。然后，卢卡奇同志成了共产党员。因此，在匈牙利无产阶级革命之前，他已经为我们的党非正式地工作。在匈牙利革命期间和之后，他始终公开反对机会主义。他从未动摇过一分钟。他始终是机会主义的公开敌人。如果说他的哲学过去唤起了人们对他的哲学未来的不信任，那么必须指出，他确实作为共产党人在危险的岗位上为无产阶级革命战斗过，既当过人民委员，也在前线当过士兵，而且他也在其他方面证明了自己。"——英译者注

② 参见 Inprekorr，IV，S. 162。——原注

③ 参见 Arbeiterliteratur，XII，S. 1080。——原注

④ 鲁达什写道："关于'误解'的问题——它们根本不是像人们通常错误地认为的那样，是逻辑意义上的误解，不——考茨基'误解'了伯恩施坦；而列宁的'叛徒考茨基'（The Renegade Kautsky）和托洛茨基的'反考茨基'（Anti-Kautsky）则'误解'了考茨基。事实上，这种误解根植于以下事实：列宁表明考茨基在客观上是一个'叛徒'；但时至今日，考茨基在主观上仍认为自己并非'叛徒'，因而会抱怨自己所受的误解。"换言之，鲁达什认为自己已经表明了卢卡奇"在客观上"是机会主义者，纵然卢卡奇抱怨自己被"误解"，这种"误解"也不过是像考茨基对列宁的抱怨一样，只能反映卢卡奇在主观上给自己的定位。——英译者注

中发挥的作用①，因此也无法看到我整本书所关切的都是这一问题。而孟什维克主义者德波林就更看不到这一点了。如果他看到了这一点，我反倒会大吃一惊。

---

① 本书在后面的译文中都将用黑体来表示卢卡奇用特殊字体标注的内容。

二 关于阶级意识的问题

1. 主观主义（Subjektivismus）

每当机会主义者在向革命的辩证法发起进攻时，都会将"反对主观主义"作为口号（就像伯恩施坦对马克思，考茨基对列宁）。在鲁达什和德波林加诸我的种种"主义"（唯心主义、不可知论、折中主义等）之中，"主观主义"正是最核心的一种。在接下来的论述中，我将证明，党在革命中的作用这一问题始终在场；并且，当德波林和鲁达什自认为在和我的"主观主义"作斗争时，他们反对的正是布尔什维克主义。

首先，这里所说的"主体"（Subjekt）是什么意思？此外，这个问题与第一个问题密切相关，正是对这一问题的解答才使得人们可以回答第一个问题：在历史的发展中，主体发挥着怎样的功能？在该问题上，鲁达什和德波林的立场是资本主义日常生活及其关于科学的立场：他们僵化而机械地将主体和客体截然区分开来；在他们看来，只有不受主体干预的东西才能成为科学研究的对象，并且，如果赋予历史中的主观性要素以**积极和正面**的地位，他们就会以一种对所谓科学极端强调的愤慨口吻提出抗议。正是出于这一原因，德波林才会将思维和存在、主体和客体同一①的理论强加于我②，哪怕我已经在书中明确说明："它们的同一在于它们都是同一个现实的和历史的辩证过程的环节。"③ 而当我们思考德波林自己对主体和客体的见解时，他之所以有意无意地将我的思想扭曲为相反的含义也就不难理解了。他说："在唯物主义的意义上，**唯一**的'相互作用'只能被设想为劳动过程、生产过程、活动以及社会与自然的斗争。"④

---

① 德波林写道："作为真正的'正统马克思主义者'，他们与恩格斯的伙伴形成鲜明对立。他们反对'幼稚的'唯物主义，而是主张主体与客体、思维与存在之间的同一。正如我们所看到的，他们试图援引马克思，认为马克思的教益被恩格斯误解。这种在马克思和恩格斯之间'厚此薄彼'的做法必须被坚决反对。马克思从未试图论证主体与客体、存在与思维之间的同一。这是纯粹的唯心主义，只有黑格尔主义者，如卢卡奇和他的追随者会作出这样的断言，但这完全和马克思主义不沾边。列宁非常正确地对这种立场予以拒斥。当时提出这种立场的是亚历山大·波格丹诺夫（A. Bogdanov），他和卢卡奇颇有共同之处。关于存在与知识，列宁写道：社会意识和社会存在是同一的。在一切稍微复杂的社会形态中，特别是在资本主义的社会形态中，人们在交往时并没有意识到这是在形成什么样的社会关系，这些社会关系又是按照什么样的规律发展的，等等。例如，一个农民在出售谷物时，他就和世界市场上的谷物生产者发生'交往'，可是他没有意识到这一点，也没有意识到从交换中形成什么样的社会关系。社会意识反映社会存在，这就是马克思的学说。反映可能是对被反映者的近似正确的复写，可是如果说它们是同一的，那就荒谬了。意识总是反映存在的，这是整个唯物主义的一般原理。"（参见《列宁全集》第18卷，人民出版社2017年版，第338页。）——英译者注
② 参见 *Arbeiterliteratur*，X，S. 629。——原注
③ ［匈］卢卡奇：《历史与阶级意识》，杜章智等译，商务印书馆1992年版，第299页。
④ *Arbeiterliteratur*，X，S. 639.——原注　　卢卡奇的意思是，由于德波林严格区分主体和客体，否认客观事物受主观性因素影响，因而当他看到卢卡奇强调主体和客体的同一与相互作用时，他认为卢卡奇夸大了主观性因素的作用，甚至将客观化的事物变得"观念化"了。但卢卡奇恰恰认为主体与客体的同一和相互作用发生在现实性的过程（而非观念）之中，因而卢卡奇认为德波林将自己的观点扭曲成了相反的含义。同时，在卢卡奇看来，带有"主观性"的阶级斗争正是推动"客观"的社会-历史进程的重要因素，而德波林在罗列主体—客体互动的形式时既没有列出阶级斗争，又将"社会"放在了"主体"一侧，这种理论设定既忽视了阶级斗争的重要性，又忽视了社会之内的历史进程的客观性。

因此，在德波林那里**不存在阶级斗争**，只有"社会与自然的斗争"。而在社会之内发生的事情仅仅是一些表象，是主观性的。因此，在德波林那里，他的逻辑会导向这样的等式：主体＝个人，而客体＝自然；或主体＝社会，而客体＝自然。① 社会内部也存在历史进程，而历史进程会改变主体和客体之间的关系，对于这一点，德波林却选择了忽视。说得温和一点，他的观点将把历史唯物主义倒退回奥古斯特·孔德（Auguste Comte）或赫伯特·斯宾塞（Herbert Spencer）。

鲁达什同志走得不如德波林那么远。他承认阶级和阶级斗争的存在。的确，在他的文本中甚至还可以看到他提及了无产阶级行为（Handeln）的存在及其重要性，并论及了党所发挥的作用。然而，这仅仅是在形式上承认了列宁的革命理论。总的来说，他非常一以贯之地抱有与此相反的立场。让我们看看来自他本人的论述："什么是'**历史的形势**'（geschichtliche Lage），像任何其他形势一样，它是独立于人类意识的——尽管它通过人类意识而显现。"② 或者："人拥有思维和感觉，甚至会为自己确立目标，并想象这些思维和感觉独立地在历史中发挥重要作用，而他们的这些目标也等同于那些在历史中得以实现的目标。"③

在这里，最重要的是要注意到鲁达什同志反复提到"历史"和"这个"人。他"忘记"了——这一忘却是他的基本论证所得出的逻辑结果——真正重要的问题不是"这个"人，而是无产阶级和领

---

① 参见 *Arbeiterliteratur*，X，S. 639。——原注
② *Arbeiterliteratur*，X，S. 678. ——原注
③ *Arbeiterliteratur*，X，S. 685usw. ——原注

导无产阶级的政党，同时，这也不是一般意义上的历史，而是无产阶级革命的历史时期。他"忘记"了在我的构想（这一构想正是他所反对的）中，最关键的要点在于，相比于在社会中出现的其他阶级，无产阶级视域下的意识和存在之间的关系是完全不同的。在革命阶段，无产阶级阶级意识的主动积极的功能获得了全新的意义。

以上这些属于马克思主义的基本原理，尤其属于列宁主义的基本原理。不幸的是，孟什维克作出了新的尝试，试图将马克思主义转化成一种资产阶级社会学——这种资产阶级社会学排除了人类活动，而拥护形式化且具有超历史性质的法则。面对这种尝试，人们不得不再次重复上述基本原理。按照鲁达什的观点，历史形势的特征就在于它"不依赖于人类意识而生效"。

让我们看看列宁怎样剖析历史形势的本质："全世界的资产阶级制度正在经历巨大的革命危机。现在各国的革命政党都应该用实践来'证明'，他们有足够的觉悟和组织性，他们与被剥削群众有密切的联系，有足够的决心和本领利用这个危机来进行成功的、胜利的革命。"① 列宁描述了革命形势的客观先决条件："这些条件不仅独立于单个的群体和政党，更独立于单个的阶级。"他随后谈到，鉴于这些条件，革命并不会注定爆发。因为并不是在任何革命形势之下都会有革命爆发，除非在这样的形势下，还出现了不同于前述客观条件的主观因素：革命的阶级有能力发动革命性的群众行动，而这样的行动有足够的力量打破或动摇旧的政府；除非有人"冲击"，否则此种旧政府即便在危机时期也不会自动崩溃。

① 《列宁全集》第 39 卷，人民出版社 2017 年版，第 219 页。

　　鲁达什同志不同意这种观点。他明确反对自己曾经的"年轻幼稚病"——他一度认为 1919 年的匈牙利无产阶级革命之所以失败，主要就是因为缺乏这一主观性要素（das subjektive Moment），缺乏共产党的作用。的确，没有任何人认为革命单单是因为这个原因而失败的（处在其"主观主义阶段"的鲁达什同志也不这样认为）。①无论在过去还是现在，鲁达什同志都表现出他是一个坚定的康德主义者：无论他是否高估了"主观性要素"，他都永远要将其与"客观性"区分开来，并避免承认二者间具有辩证性的相互作用。现在，他试图说明匈牙利工人苏维埃的专政之所以失败是缘于"客观的"阻碍。他提出了以下论证：领土狭小，因而没有进行军事撤退的机会；官员的背叛；封锁；等等。这三者都是事实，它们也在工人委员会专政的解体中发挥了作用。然而——这一方法论上的观点对于我们当前的争议具有决定性意义——如果我们仍以革命的辩证法家和列宁主义者的身份看问题，那么我们就不能孤立地考察上述事实，却忽略以下问题，即当时是否有共产党存在。的确，工人委员会面对着封锁和饥饿，但鲁达什同志必须承认，匈牙利工人委员会所面临的饥饿和物资匮乏远不如俄国无产阶级，我国工人的生活水平甚至不在维也纳的水准之下。对于工人委员会的专政而言，封锁所带来的最致命的后果是社会民主主义的蛊惑，它蛊惑人们认为恢复"民主"就意味着结束封锁和提高工人的生活水平。致命的

---

① 鲁达什一度是匈牙利革命政权中的极左派，在 1920 年对革命失败的反思中，鲁达什持有一种相当激进的观点，即认为匈牙利革命的失败缘于共产党没有坚定地站在群众一侧开展斗争。此处卢卡奇所说的"年轻幼稚病""主观主义阶段"指的就是鲁达什在这一阶段所作的思考。

是，工人们相信了这种蛊惑人心的说法——正因为那里没有共产党的组织。因此，官员们背叛了！然而，作为一名处在领导地位上的同志，鲁达什同志一定知道，在军队各级中，只要是在有才干的党员战斗的地方，他们的队伍就是可靠的，是有战斗力的。难道我们的八个师（以及对应的团等单位）真的在"客观上"不可能找到作为共产党员的指挥官和政委？这之所以是不可能的，只是因为没有共产党在那里作出抉择、执行任命、确定正确的行动方针。至于较小的领土面积这一因素，鲁达什同志则援引托洛茨基作为权威。如果我想驳斥这一点的话，我想自己会从他的表述中得出一个"客观社会学"意义上的结论：在一个小国，一个没有俄国之广袤纵深的国土以供撤退的国家，无产阶级专政完全是不可能的——因为它被帝国主义邻居包围（这几乎是所有欧洲国家所面临的情况）。我只想提醒鲁达什，无产阶级专政的失败不仅是一个纯粹军事上的事件。在 8 月 1 日，红军已经展开了非常有希望的反攻，并取得了一些成功（夺回了索尔诺克［Szolnok］），而这正是匈牙利苏维埃共和国（Raterepublik）在布达佩斯下台的时候——正是因为没有共产党的存在。①

　　在工人委员会执行专政期间，匈牙利并无共产党存在——诚然，这一事实确实有着客观上的原因。然而，一方面，这些客观原因在一定程度上正是缘于之前的主观原因；另一方面，康德主义者以一种非辩证的方式将主体与客体僵化地区分开来，将主体的出

————————

① 红军收复索尔诺克发生在 5 月，此处卢卡奇的记忆可能并不准确。实际上，在 8 月 1 日，罗马尼亚军队已经进逼到布达佩斯城外 40 千米处。

现、它的作用及其关键意义均建立在客观原因的基础之上，由此，康德主义者便消除了主观性要素的重要意义。而真相恰恰相反，正是主客体之间的联系展现了我在书中所关注的二者间辩证的互动关系，而鲁达什和德波林都或明确或隐含地否定了这一辩证互动关系。

　　用一般性的哲学术语来说（在此语境中，用一般性哲学术语来表述这一关系其实是错误的），这种互动意味着，客观进程在主观层面上的反映（Spiegelung）是一个具有现实性且对该进程本身有效的要素，而不仅仅是某种想象出来的东西。这种主观层面上的反映以一种不可避免的方式将任意两个客观性的要素连接起来（然而在"客观"的考量中这种联系很可能被忽略，因为它对"客观"的分析并不重要），此外，此主观层面的反映还表明，人们在现实层面——而不仅是想象的层面——创造他们自己的历史。我刚才写道，用一般性的哲学术语来表述这一关系其实是错误的。其原因何在？这是因为只有随着无产阶级的出现，这样的事态才随之而存在，因为无产阶级是历史进程中第一个也是迄今唯一的主体。只有对于无产阶级而言，上述视角才是有效的。那么，对于所有的思想家而言，如若他们将这种对现实及对历史进程施加影响的能力赋予那些或真实或幻想出来的主体（如伟人、民族精神等），那么就其方法论特征而言，他们必定是意识形态主义者，因此他们得出的结论必然是错误的建构和历史的神话。

　　当然，资产阶级科学连同完全受其影响的孟什维克主义都否认任何对现实加以影响的可能，或仅仅以一种富有幻想意味的神话形式承认这种可能性。这两种观点的基础都是同一种非历史的现实概念（unhistorische Auffassung der Wirklichkeit）。正如中世纪的封建意识形态在人与神之间建立了一种超时空的关系一样，资产阶级和孟什维克的意识形态也建立了一种超时空的"社会学"。因此，资产阶级社会的基本存在形式（当然，这是一种多少经过了意识形态扭曲的形式）便显现为一种既存在于过去也存在于未来，既是原始共产主义又是社会革命的形式。而与此相反，也正是因为革命实践的需要，无产阶级的知识体系必须将自己从这样的观念中解放出来，唯其如此，无产阶级的知识体系才能成为开展革命实践的工具。无产阶级必须在现实中找到自己作为历史中的主观性因素所发挥的具体作用，而且它必须弄清楚无产阶级的（也仅有无产阶级的）阶级意识在历史进程中所具有的功能。

鲁达什同志则否认这样的可能，从而陷入了巨大的矛盾。他以断章取义的方式引用我的文本，指出在我看来，每一场阶级斗争的决定性因素都在于该阶级是否有能力把握社会的总体性。然而，我在书中明确强调，有资格进行统治的阶级不同于那些摇摆不定的、注定要失败的阶级，其原因就在于后者的视角"全然不能觉察现实社会总体"①，以及该阶级有能力"根据自身的利益来组织整个社会"②。我在论述总体性时提到，我们在看待任何阶级时都必须研究清楚，"是整个生产过程的哪一个因素最直接地和至关重要地涉及个别阶级的利益。其次，是就有关阶级的利益本质而言，超越这种直接性和把对于这一阶级来说是直接重要的因素看作仅仅是整体

---

① ［匈］卢卡奇：《历史与阶级意识》，杜章智等译，商务印书馆 1992 年版，第 106 页。
② ［匈］卢卡奇：《历史与阶级意识》，杜章智等译，商务印书馆 1992 年版，第 107 页。译文有改动

的因素和因而加以扬弃的可能性有多大？最后，这样达到的总体的性质又是什么？它真正地把握了实际的生产总体的程度有多大？"①这样一来，就有可能将形形色色的"虚假意识"区分开来。以此为基础，我详细地论述了前资本主义社会中的各个阶级为何只能具有"虚假的意识"。②而对资本主义社会各阶级的分析显示，这种特殊形式的意识（即对社会总体的充分把握）从未在过往的历史中存在，也从未发挥作用（即对历史进程有意识地施加真实的影响），只有无产阶级的阶级意识才取得了这种特殊形式。鲁达什忽视了阶级意识问题的历史维度，也没有意识到这些问题对无产阶级的特殊意义，因此他以胜利者的姿态认定、批驳了我的"唯心主义观念论（idealism）"和"主观主义"。当然，我完全同意他的如下观点，即误解都是不符合逻辑的。所以我会追问：为什么鲁达什会产生误解？其来源和政治目的又是什么？鲁达什的结论清楚地揭示了这种误解的源头，也就是他的尾巴主义宿命论。

在鲁达什对我所谓的"时刻理论"（Augenblickstheorie）进行猛烈攻击时③，这种宿命论显露出十分粗暴的面目。我不想再谈他

① ［匈］卢卡奇：《历史与阶级意识》，杜章智等译，商务印书馆1992年版，第109页。
② 参见［匈］卢卡奇《历史与阶级意识》，杜章智等译，商务印书馆1992年版，第109—113页。简言之，鲁达什认为卢卡奇主张观念性的因素（即是否能把握总体性）构成了决定阶级斗争的关键，但卢卡奇认为这一解读是断章取义的，因为能否把握总体性本身由一系列物质性的因素所影响。
③ 参见 *Arbeiterliteratur*，XII，S. 1077 - 1078。——原注　鲁达什写道："事实上，即便是卢卡奇所钟爱且对他至关重要的从必然王国向'自由王国'的过渡，也被想象成了一个'时刻'。但是，如果这真的取决于时刻，那么人们对革命的命运甚至是人类的命运都会感到相当绝望。因为某些时刻可能会被正确地把握，但大多数时刻肯定会被错过！如果我们不再有一个能够正确地对这些时刻（转下页）

荒谬的"误解",这一"误解"试图让人相信:在我眼中只有那些伟大人物才是重要的。鲁达什同志对我产生"误解",是为了忽略布尔什维克主义的一条基本原则。[①] 他采用了尾巴主义的惯用伎俩来反驳所谓的"时刻"(Augenblick)理论,认为我忽略了所谓的"过程"(Prozess)。[②]《历史与阶级意识》中的无数段落都可以再明白不过地证明我并未忽视过程,我在此就不作赘述了。[③] 然而,他认为"过程"与"时刻"相对,是因为他对"过程"进行了尾巴主义-宿命论式的理解,此"过程"概念排除了"决定性时刻"。但他把事情说得过于简单,而且也过于清楚地暴露了内心的信念:对他来说,不存在作出决定的时刻,他的"过程"以一种机械的方式演进,并以宿命的方式从一个社会发展阶段行进到下一个阶段。当然,鲁达什同志没有直言这一点,他(就像当下的许多尾巴主义者一样)非常

(接上页)以评估的列宁,那时候我们该怎么做呢?革命注定要失败,与此同时,人类可能也注定要因此灭亡。这是多么悲惨的前景啊!这种建立在'机不可失、时不再来'的时刻之上的理论,一方面与那些强调伟大人物之作用的理论极其相似,另一方面也与马克斯·韦伯的思想有着相似之处。整个资产阶级都希望,随着列宁的逝世,俄国革命这座宏伟大厦会轰然倒塌。但这没有发生,它比以往任何时候都更强大。资产阶级犯了一个错误,因为即使是最划时代的人物,也发挥不了资产阶级所赋予他们的巨大作用。而'时刻'的作用也不可能超过那些伟大人物。在整个社会革命的时代,现代经济强大的生产力推动着革命的爆发,而且其作用日渐增强,即使是最重要的'时刻'也不足以'决定'阶级斗争的结果。"——英译者注

① 卢卡奇没有在此指明鲁达什究竟违背了哪一条原则,根据后文,卢卡奇对鲁达什的反驳集中于他的观念与列宁关于革命的"决定性时刻"的论述相悖,违背了列宁所说的"起义是一门艺术"这一原则。

② 参见 Arbeiterliteratur,XII,S. 1082。——原注

③ 参见〔匈〕卢卡奇《历史与阶级意识》,杜章智等译,商务印书馆1992年版,第343—344、407—408页。

谨慎，没有切断自己与列宁的联系，但恰恰从他将"过程"与"时刻"对立起来的做法中可以明确看到他的观点。什么是"时刻"？时刻是一种情境，其持续时间可长可短，但"时刻"和导致时刻的"过程"有所不同，因为时刻将过程中的种种基本趋势凝聚在一起，在时刻中凝结着过程的决定性未来趋势。也就是说，这些基本趋势达到了某种顶点，其进一步的发展取决于这一情境得到了怎样的处置。在这一"时刻"之后，整个过程会采取一个不同的方向。"发展"并不是一种有利于无产阶级之趋势的持续强化，也并不意味着在发展之中后天的形势一定比明天的形势对无产阶级更加有利。相反，"发展"意味着在一个特定的时间点上，情境迫使人们立即作出决定，而后天作出决定可能就太晚了。鲁达什同志可能会想到列宁论"妥协"的文章。在那篇文章中，列宁认为，几天的延迟就可以使得与孟什维克和社会革命主义者的妥协变得多余[1]，而且他指出："和平发展的道路偶然成为可能的那几天已经过去了"[2]。又或者他可能想到列宁的焦虑，布尔什维克可能会错失在十月的日子里夺取政权的时刻："历史不会饶恕那些延误时日的革命者，他们本来在今天可以获得胜利（而且一定能在今天胜利），却要拖到明天去，冒着丧失许多、

---

[1] 在文章中，列宁认为，如果能在"几天或一两个星期的时间内"成立一个"对苏维埃负责的由社会革命党人和孟什维克组成的政府"并使其得以巩固，那么这将"保证（这种可能性极大）俄国整个革命和平地向前推进，保证全世界争取和平和争取社会主义胜利的运动有极大的可能性大踏步前进"。为此，可以与孟什维克妥协。卢卡奇的意思似是，一旦这"几天或一两个星期的时间"错过，那么纵然与孟什维克妥协，也无法达到本应具有的效果，因而妥协成为多余的。（参见《列宁全集》第32卷，人民出版社2017年版，第131—132页。）
[2]《列宁全集》第32卷，人民出版社2017年版，第136页。

丧失一切的危险。"①

　　当然，鲁达什同志会否认他的观点违背了列宁的基本概念。他以可贵的谨慎态度防备着此类指责：一方面，他指出"时刻"与"过程"相对立，就好像过程不是从一长串的时刻中产生的。而在这些时刻中，自然有一些时刻其意义在"量"的层面远高于其他时刻，以至于这种"量"发生了转变（如普列汉诺夫论及过当众多条件交叉于某一节点上时，这一节点所具有的重要性）。另一方面，他把"唯心主义的主观主义者"这顶帽子扣在我头上。然而，我强调——我认为没有丝毫理由收回我的任何思考或以任何方式削弱它们——在这样的时刻中，一切都取决于阶级意识，取决于无产阶级的自觉意志，只有在无产阶级的自觉意志中才蕴含抉择的要素。正如我一再强调的那样，主体和客体的辩证性互动就在于，主观性要素不言而喻地是客观过程的产物和要素。而在某些历史情境之下，主观要素在客观进程中凸显出来，并影响客观进程的发现。这种反作用只有在实践中才有可能，也只有在当下（Gegenwart）才有可能（我使用"时刻"这个词，就是为了强调它的实践性和当下特性）。一旦行动完成，主观性要素就会回到诸多客观要素的序列之中。由此，对于每个政党而言，它的意识形态发展——如法国的蒲鲁东主义、德国的拉萨尔主义——都是具有客观性的因素，每个马克思主义政治家都必须将其作为客观事实来考虑。在上文中，我所概述的辩证性互动完全是从实践中产生的。而在抽象的情况下，也就是在脱离了实践的思想层面，主体和客体是相互割裂的。任何把

①《列宁全集》第 32 卷，人民出版社 2017 年版，第 431 页。

实践的上述特征归于理论的思想，都会不可避免地陷入概念的神话，且不可避免地成为唯心主义的观念论者（费希特）。① 同样，如果无法正确认识无产阶级实践所具有的上述特征——如鲁达什的情况就是如此——将主体和客体的僵化对立从理论带入实践，那么就会陷入宿命论，如此一来，这样的理论就取消了实践，并变成了一种尾巴主义的理论。

"时刻"与"过程"不可分离。主体并不是以一种僵化且毫无联系的方式面对客体。辩证法所希求的既不是一种无差别的统一，也不是要素间的严格分离。相反，辩证法意味着要素持续的自我独立过程，也意味着对此独立进行持续的扬弃。我已经在著作中反复说明了这样的辩证性互动如何运作。在此，我们只需要理解如下观点：主观要素的这种（辩证的同时也被辩证扬弃的）独立性在历史过程中的"当下"阶段，即在无产阶级革命的历史时期，是总体情境中的决定性特征。我们应当看到，列宁主义者普遍抱持着这样的观念。如果没有主观要素中这种积极主动且有意识的作用，列宁有关革命之准备与组织的基本思想就无从谈起。如果没有主观性要素的这一功能，列宁的"革命的决定性时刻"概念以及源自马克思又被列宁具体化的"起义是一门艺术"的思想也无从谈起。而且，几乎所有对列宁的指责（甚至是来自罗莎·卢森堡［Rose Luxemburg］的指责）也是基于如下观点，即革命可以由经

---

① 卢卡奇在前文中详细论述了鲁达什如何因为将观念领域的主客对立带入实践而陷入宿命论，但对费希特的情况并未详加讨论。可以理解为：在现实的、实践的领域，主体对客体的作用可能发生；而费希特的"行动的哲学"将此种能动的作用赋予观念，令观念性的因素具有了能动性和主体性（而非现实的主体），将其视为"设定"其他存在的前提，并由此成为唯心主义者。

济力量产生，也就是"自发"（von selbst）地、"自动"地、"由下至上"地发生，而不需要有意识的主观性因素（das bewußt subjektive Element）发挥作用。

当他论述"决定性时刻"或"作为艺术的起义"时，列宁同志把马克思主义的起义概念和布朗基主义的起义概念区分开来了。①列宁强调革命的客观发展必须对起义本身形成推动（战争、饥荒、农民运动、上层阶级的摇摆、无产阶级革命的发展），才能造就起义的成功。他还论述了客观发展如何影响工人阶级的态度（在七月，形势的发展尚不足以令工人和士兵为占领彼得格勒而奋不顾身地搏斗②）。但是，一旦客观形势成熟到了起义的那一步，一旦起义的"时刻"到来，那么革命进程中有意识的主观性要素（das bewusste，subjektive Moment des revolutionaren Prozesses）就会将自己提升为一场独立的运动。列宁对以下两种革命运动进行了鲜明的区分：其一是群众发起的运动，这种运动仅仅处在较为原始的阶段，只具有革命的外表；其二则是由自觉的先锋队发起的运动，是积极且具有决定作用的介入性运动。列宁对秋季之前和秋季期间的革命形势作出如下论述："另一方面需要广大群众高昂的拼命的情绪，他们感到，现在用不彻底的办法是无济于事了，要'影响'是无论如何影响不了的，如果布尔什维克不能在决战中领导饥民，那么他们'甚至会采取无政府主义行动，捣毁一切、粉碎一切'。"③ 如果我们基于方法论的视角，更仔细地考

---

① 参见《马克思主义和起义》或《给同志们的信》两篇文章，载《列宁全集》第32卷，人民出版社2017年版。
② 参见《列宁全集》第32卷，人民出版社2017年版，第237页。
③《列宁全集》第32卷，人民出版社2017年版，第405页。

察他在论述起义时援引自恩格斯《德国的革命和反革命》(*Revolution und Konteirevolution in Deutschland*)的文本(这涉及我们当前所关切的问题),就会发现,列宁强调自觉的、有意识的要素,即主观层面的要素(通过有意识的行动的主体来集中力量,以及发起突然袭击等)。而同时,列宁的论述十分明确地指向纯粹的主观性因素(如决断力和道德优越感等)。而"作为艺术的起义"则是革命进程中的一个时刻,在这里,主观性要素具有决定性的主导地位。这一主导地位之所以可能,起义的客观形势之所以能够出现,以及革命主体——共产主义政党——之所以存在,这些都是社会-经济发展的产物,这一点已无须赘言。即便就其本性而言,没有任何共产主义政党独立于主体而得以发展,也没有任何共产主义政党仅仅是基本社会进程发展的产物。主观性要素之所以能在这一"时刻"实现它的全部重要性,正是因为它在其早先的发展中已经在有意识地积极行动了(一个很好的反例就是"德国十月革命",在这场革命中塔尔海默是一名强调自发性的尾巴主义理论家)①。但在那样一个"时刻",人们的决定,以及随之而来的无产阶级革命的命运(也是人类的命运)都取决于主观性的因素。如果不理解"起义是一门艺术"这一说法的至关重要,那么也就不可能正确地理解列宁有关革命过程的概念。列宁认为,在当前阶段(但这一阶段也同时和一切革命性的形势相关)如果有人"不愿像对待艺术那样对待起义,就是背叛马克思主义,背

---

① 1923 年 10 月,在共产国际执行委员会的计划下,德国共产党与德国社会民主党利用魏玛共和国所面对的国家危机,在萨克森州和图林根州发动起义,但被镇压。奥古斯特·塔尔海默(August Thalheimer)系德国马克思主义活动家和理论家,是德国共产党的创始人之一,在 1923 年起义期间担任符腾堡地方政府的财政部长,被认为需要为起义失败负主要责任。

叛革命"①。

当然，列宁对任何形式的"左的"主观主义都抱有严厉的批评态度（1920 年，我在《共产党人》［*Kommunismus*］杂志上发表了一篇关于议会主义的文章②，理所应当地受到了他的责备）。然而，正是这种冲突非常清楚地表明，列宁并不反对从原则上对"主观性要素"加以认知，而仅仅是拒绝对这一概念的错误运用。一方面，列宁反对对客观形势加以不正确的评估——当主观性要素并不客观存在的情况下以过于简单的方式认为它存在。而另一方面，他也反对如下观念，即机械地认为主观性要素在整个过程中都具有决定性作用。这种观念认为，主观性要素的决定性作用在任何时候和任何条件下都是可能的，而不仅仅是在特定的具体条件之下。也就是说，如果说鲁达什同志将"时刻"彻底溶解在"过程"之中，那么另有一些人则颠倒了鲁达什的观点，由此导向一种卢森堡主义（Lexemburgist）的自发性，即把关于特定的、具体的历史时刻的确定性真理变成了一种抽象的谬论，这种抽象的谬论认为过程的每一个瞬间都具有决定性的影响。这种关于"时刻"的左倾理论恰恰忽视了辩证的转换，也就是"时刻"所具有的具体性、革命性的本质。"作为艺术的起义"变成了作为游戏的起义，主体应有的积极作用变成了主观主义的空谈。

然而，随着无产阶级的统治，"量"的变化是如此巨大，以至

---

① 《列宁全集》第 32 卷，人民出版社 2017 年版，第 236 页。
② 此处卢卡奇指的是《议会主义的问题》（*The Question of Parliamentarianism*）一文，英文版见于《策略与伦理》（*Tactics and Ethics*）文集。列宁在《共产主义运动中的"左派"幼稚病》一文中对卢卡奇予以点名批评。

于它具有了"质"的特性。如果无产阶级专政由真正的共产主义政党来行使（也就是说，不是像匈牙利发生的情况那样），那么这种主观性要素的功能就会得到一定（当然也是受到辩证限制）的耐久性。这里的问题并不是说一个政党可以随意地改变国家经济的结构，而是意味着，在种种具有基础性的社会与经济趋势的相互竞争中，政党将有能力来有意识并积极主动地影响这些趋势的发展。只要一有机会，列宁就会与那些高估这一要素之意义、立场及其耐久性的立场偏左的同志展开激烈争论，但这并不是原则性问题，而是因为他们以抽象的方式提出问题，且这样的抽象性扭曲了具体情境中具体的辩证性要素。然而，他也同样有力地反对那些误解了主观性要素之意义的人，那些以失败主义的姿态屈服于"基础"、屈服于经济因素所带来的必然趋势的人。我将简单地引用列宁在俄共十一大上的讲话，其中有如下句子："国家资本主义，就是我们能够加以限制、能够规定其范围的资本主义，这种国家资本主义是同国家联系着的，而国家就是工人，就是工人的先进部分，就是先锋队，就是我们。国家资本主义是我们应当将之纳入一定范围的资本主义，但是直到现在我们还没有本领把它纳入这些范围。全部问题就在这里。这种国家资本主义将来会怎样，这就取决于我们了。我们有足够的、绰绰有余的政治权力，我们还拥有足够的经济手段，但是，被推举出来的工人阶级先锋队却没有足够的本领去直接进行管理，确定范围，划定界限，使别人受自己控制，而不是让自己受别人控制。这里所需要的只是本领，但我们缺乏这种本领。"①

————————

① 《列宁全集》第 43 卷，人民出版社 2017 年版，第 88 页。

列宁说："这取决于我们"。当然，这并不是放之四海而皆准的。但是，如果抱持以下观点（像鲁达什同志那样①），即认为"在生产力的发展方面迈出一大步"是革命的必要前提，那么这样的阐释就是对列宁的一种歪曲，就是将其曲解为尾巴主义和孟什维克主义。② 这就好比，当有人声称我认为"只有"无产阶级的阶级意识才是革命的驱动力时，也是对我的思想的歪曲。在特定情况下（这也就是为什么我会使用"时刻"这一术语），阶级意识毫无疑问是决定性的因素。即便是鲁达什同志也承认，在革命的过程中，一些非常有利的时机没有被抓住。然而，如果在革命之后（post festum）还坚信无产阶级仍在"摇摆"，没有"成熟"到可以发起行动的地步，甚或认为生产力的发展程度"暂不"允许向革命过渡，那么这就不再是布尔什维克主义，也不是列宁主义了。我们生活在一个革命的时期，这在客观的经济层面上取决于以下事实，即生产力已经达到一定的发展水平。但正是在那些举足轻重的经济大国中，无产阶级在主观层面上还没有达到与革命相匹配的成熟度。

① 参见 *Arbeiterliteratur*，XII，S. 1085。——原注
② 鲁达什引用列宁的话来反对卢卡奇，"这种革命暴力的经济基础，它的生命力和成功的保证，就在于无产阶级代表着并实现着比资本主义更高类型的社会劳动组织。实质就在这里。共产主义的力量源泉和必获全胜的保证就在这里。"（《伟大的创举》，载《列宁全集》第37卷，人民出版社2017年版，第11页。）鲁达什补充道，"而且不是在意识中，或仅依赖于'自觉'的意志"。然后他继续引用列宁的话，"显然，为了完全消灭阶级，不仅要推翻剥削者即地主和资本家，不仅要废除他们的所有制，而且要废除任何生产资料私有制，要消灭城乡之间、体力劳动者和脑力劳动者之间的差别。这是很长时期才能实现的事业。要完成这一事业，必须大大发展生产力，必须克服无数小生产残余的反扩（往往是特别顽强特别难于克服的消极反抗），必须克服与这些残余相联系的巨大的习惯势力和保守势力。"（《伟大的创举》，载《列宁全集》第37卷，人民出版社2017年版，第13页。）——英译者注

这当然有其客观上的社会原因，但另一个非常重要的原因则在于主观性要素蜕化成了客观性时刻（例如，英国工人的第一次伟大革命运动——宪章运动恰恰是在资本主义即将步入繁荣，成功的经济和工团斗争行将开始之际陷入崩溃的；还有伟大资产阶级革命传统的延续，法国蒲鲁东主义的工团主义［Syndikalismus］；自上而下发起的，作为民族统一与资产阶级帝制国家之基础［从经济的角度来看］的德国革命；等等）。然而，如果经济发展动摇了一个国家的社会基础，那么资产阶级究竟能否克服这一危机，就完全取决于阶级意识。"只有'下层'不愿照旧生活而'上层'也不能照旧维持下去的时候，革命才能获得胜利。"① 鲁达什同志是否认为这里的"愿意"只是列宁的一个装饰性短语？（列宁在很多地方都用这种风格来写作，譬如他总是讽刺地引用"自由王国"［das Reich der Freiheit］——这似乎是从马克思和恩格斯那里学来的。）列宁并不认为这种"愿意"是自发的，或是由基础所决定的——这一点应该也是共产主义者的常识。他应该知道，群众是动摇还是果断，在很大程度上取决于有意识地以积极方式行动的先锋队，也就是共产党，取决于"无产阶级的阶级意识所采取的形式"②。在这里，列宁的另一句话也能说明问题："党的坚定的路线和不可动摇的决心也是情绪的一个要素，特别是在最紧要的革命关头，这一点人们当然'凑巧'忘掉了。有时人们还十分'凑巧'地忘掉：主要领导人的动摇和他们朝三暮四的倾向会使某些阶层的群众在情绪上也发生

---

① 《列宁全集》第 39 卷，人民出版社 2017 年版，第 64 页。
② ［匈］卢卡奇：《历史与阶级意识》，杜章智等译，商务印书馆 1992 年版，第 426 页。译文有改动。

极不体面的动摇。"①

那么，在这个过程中确实存在一些"时刻"，在这些时刻，抉择"仅仅"取决于无产阶级的阶级意识。这些时刻并不是浮在空中的，换言之，它们不可能仅凭意愿而产生，而是由客观过程催生的，也就是说，这些时刻不能从生产过程中分离出来。这一点已经可以从前文的表述中看出来。我认为，它们不能与总体过程相分离，它们之所以能够在过程中出现，是因为过程本身的基本特征。因此，布尔什维克以革命的方式（而不是尾巴主义的方式）来理解"过程"概念，关键在于对上述关联的认识。孟什维克将主观性要素发挥积极作用的"决定性的要素"按照"渐进发展"的模式加以理解，而布尔什维克则在过程自身中发现上述决定性要素。这意味着，布尔什维克会发现这一过程的结构特征不是进化性或有机性，而是矛盾性，在平静中蕴含着前进和倒退的要素。共产国际第三次代表大会的组织纲领说："不存在共产党无法保持活跃之时刻。"为何？因为不存在主观性因素完全不可能以积极的方式发挥影响的时候。"任何一次罢工不是资本主义社会的小危机又是什么呢？普鲁士内务大臣冯·普特卡默先生说过一句有名的话：'在每一次罢工中都潜伏着革命这条九头蛇。'他说得难道不对吗？"② 当然，这是一个从量变到质变的问题。但是，谁要是对这个基本问题视而不见，谁就永远不可能在规模或大或小的事件中把握住过程的这一面。谁要是像鲁达什那样，出于对"主观主义"的恐惧而断然否认

---

① 《列宁全集》第 32 卷，人民出版社 2017 年版，第 404 页。
② 《列宁全集》第 28 卷，人民出版社 2017 年版，第 325—326 页。

这种时刻，就必然会（正如与鲁达什同志一起工作的匈牙利同志一次次发现的那样）以真正的宿命论和尾巴主义的方式来回应那些较为隐蔽的时刻。

显然，这种尾巴主义的观点和"为革命作准备"这一列宁主义的基本要素不相兼容。在这里，鲁达什同志实际上对列宁作出了修正，当然，每当他处理的问题导向这一概念时，他都会无意识地引入"预期"（Voraussehen）这个概念。"无产阶级暂时还不够成熟，以至于无法开展解放行动。而变得成熟取决于诸多条件，其中，无产阶级的阶级意识一定发挥了作用，甚至是相当大的作用。然而，这并不能阻止我们作出这样的预期：只有当无产阶级完成其使命，并意识到这一点时，他们才变得成熟。"① 这并不仅仅是一个表述风格的问题。一方面，因为鲁达什不断重复这样的表达；另一方面，鲁达什同志洋洋得意地宣称我的"主观主义"会导致怎样的糟糕结论："社会民主主义者②必须在能够开展革命之前首先教育和培养无产阶级，唯其如此，其理论才会是正确的！社会民主主义者必须将其一切活动都限制在'教育工作'上，才能取得'政治'上的正确性。"③ 鲁达什同志认为，只有通过"教育工作"，意识形态的影响才得以可能。（但）任何其他形式的影响也可以通过经济进

---

① *Arbeiterliterlatur*，Ⅹ，S. 696 - 697. ——原注
② 社会民主主义者最初也包含主张革命的社会主义者，只有在其后续发展中，才开始专门指代主张非革命的社会主义者，此处需要注意，鲁达什应当是在第一种意义上使用这一表述。
③ *Arbeiterliteratur*，Ⅻ，S. 1086. ——原注

入人们的思维（以自动的形式，而不经过主动的或有意识的活动）。① 鲁达什同志没有意识到他已经是一个相当程度上的康德主义者，他以一种极其接近于康德主观主义的方式来思考并理解意识形态问题，即遵循"实践理性"和"纯粹理性"相区分的模式。我的确带有"主观主义"的色彩，以至于我不会低估教育工作的作用，而且我认为教育工作对于鲁达什这样的同志来说是非常可取的，在以列宁之名发表一篇伯恩施坦式的反"主观主义"演说之前，最好先深入地研究一下列宁对组织问题的论述。

2. 赋予 (Zurechnung)

由此，我们又回到了鲁达什眼中我所犯下的主要罪过之一，那就是"被赋予的"阶级意识（das „ zugerechnete" Klassenbewußtsein）。②

在我开始探讨实际问题之前，读者或许可以允许我作一些介绍性的论述。先要说明，就像我在书中处理的任何问题一样，我对"赋予"这个术语并没有特别的关注。如果事实证明，对于这一表述的含义——我今天仍基本认为它是正确的，并将在接下来的论述

---

① 简言之，鲁达什认为，由于卢卡奇强调成熟的阶级意识所具有的重要性，因而导致的结论是，为将阶级意识提升至成熟，无产阶级必须首先接受教育，且必须基于教育才能进行其他更具实践性的革命活动，而卢卡奇认为令阶级意识得以提升的方式不止于此。

② zugerechnete 有"推算、推定"的含义，而 das „ zugerechnete" Klassenbewußtsein 指的是与客观的阶级地位相匹配的意识，它区别于作为个体的无产阶级在主观上所具有的意识。此处参照中文版《历史与阶级意识》翻译为"被赋予"的阶级意识，是"客观"的阶级地位"赋予"了无产阶级此种意识，而此种意识可以从无产阶级的客观地位中被"推定"出来。在卢卡奇后文提及的法学语境中，或许"推定"一词更加常用，但考虑到已有的中文翻译，译者依然沿用"赋予"一词。

中为之辩护——我可以以更好的方式予以表述，从而减少误解的空间，那么我并不会同情"赋予"这个词的命运。如果表达方式不好，那就让它消失。我不认可鲁达什，在他对"赋予"一词之含义和起源的思考中（并且他只打算谈论这个词本身），我仍必须注意到——无论是出于对事实的无知还是有意为之——他对问题进行了简化。他把这个问题说得好像"赋予"是指一种函数的自变量和因变量之间的共变依赖关系，即是说，它似乎是一个旨在取代因果关系的数学术语。① 这是一个事实性的错误。如果我没有记错的话，

---

① 参见 *Arbeiterliteratur*，X，S. 670ff。——原注　　鲁达什写道："顾名思义，未知的东西是从已知的东西中'推定'出来的。'推定'这个说法来自数学，其含义也非常简单。假定在两列数字 x 和 y 之间存在某种特定的关系，使得 x 的某个值对应于 y 的某个值，那么 x 和 y 就可以从彼此的值中被'推定'出来。众所周知，当 x 和 y 之间存在函数关系时就是这种情况，如：

$$f(x) = y$$

如果我已知道 x 的各种取值，如令 x 取值 1、2、3，那么可从这些 x 值推定出 y 值。这种数学运算并不总是简单的，但此处无关难易，我们只是为了澄清这个概念。在每个与推定相关的运算中，必须有已知的（x）和未知的（y），并且后者必须能从前者中'推定'出来。当然，在数学中，x 和 y 之间的关系并非某种因果关系，而是一种函数关系。因果关系在数学中是没有意义的。无论 x 转变的原因是什么，这种转变都会带来 y 的转变，而不必说 y 转变的原因是 x。但是现在，在哲学家李凯尔特和社会学家韦伯那里，他们不仅把这个数学上的'推定'概念挪用到了哲学和社会学中，而且还把数学逻辑也一起拿走了，其目的正是要在社会表象的世界中完全消除因果关系，或至少将因果关系降到第二性（也就是无足轻重）的地位！而在历史领域，因果关系也变成了一种函数关系。他们用'推定问题'来否认具体的因果关系，否认社会事件的发生以因果性的方式服从于规律。如此一来，他们令历史成为历史哲学，即历史的形而上学。而社会学原本是一门探究社会事件的发生所遵循的一般规律的科学，但它被降格为一门否认社会事件的发生遵循任何规律的学科。他们接受了数学上的'归因'概念，就好像这是上帝赐予的一样。而这一概念在数学中的特点正在于：其中不同变量之间可以相互'推定'，彼此之间没有因果关系！事实上，对于那些否认社会表象服从于规律的人来说，因果关系的概念恰恰是他们的眼中钉、肉中刺！"（*Arbeiterliteratur*，X，S. 670 - 671.）——英译者注

"赋予"是一个古老的法学术语，其起源可以直接追溯到亚里士多德。然而，我在使用该词时所采用的意义只是在法学的后续发展中才变得普遍。事实上，它来自一种客观主义的取向。它有助于从混乱的表面联系和主观上的心理条件中筛选出那些在客观上起决定作用的因果关系。例如，一个物体从窗口掉下来杀死了下面街道上的一个路人。从法学的角度来看，是谁造成了死亡？而相关人员又做错了什么？在第一种情况下，重要的不是当事人的想法或意图，而是他是否能够或应该知道他的行动，或他的"未曾采取行动"将会导致这些后果。为了不陷入对细枝末节的纠缠，我将援引罗马法中"尽职的户主"（diligens pater familias）[1] 这一标准。很显然，这种定义旨在帮助我们从法律情境之中重构出一些具有客观本质性的要素，并从中提炼出客观典型性。（这些具有客观本质性的要素可能与构成统计数据和平均值的要素完全不一致。即便在一般情况下，这些要素可能会倾向于统计意义上的平均值，但二者的偏离也是完全可能的。例如，在巨大的市场繁荣中，普通的投机者并没有按照"正常"商人的做法行事，但尽管如此，依然可以为司法意义上的"赋予"或"推定"概念确立一个尺度。）

现在，无论是有意还是无意，这种方法被人文学科沿用。也就是说，面对事实，我们试图对客观情况予以重构，并以此来解释"主观性"要素（而不是相反）。通过撇开客观情况中一些不那么必要的细节，我们可以辨识出那些按照正常方式或正确认知行事的人可以做什么，或被允许做什么。根据这一尺度，他们或正确或错误

---

[1] 罗马法中对行为正确与否的判断标准。

的洞见也可以得到评估。我想汉斯·德尔布吕克（Hans Delbrück）的战争史就是一个很好的例子，在这里，也许鲁达什同志会因为梅林的判断而感到欣慰，他认为从这里学到一些东西并不是对其马克思主义纯洁性的玷污。① 但是，如果他读一读恩格斯关于 1870—1871 年战争的文章，他就会在恩格斯对布尔巴基所指挥的战役作出的批判中发现类似的方法（可参见 1923 年于维也纳出版的《战争学笔记》［*Notes on the War*］）②，而政治性的批判也采取了这种方法。在方法论上，马克思和恩格斯在 1848—1849 年间对资产阶级政党的批判也包含了这样一些内容——它们旨在说明在客观的经济和政治形势下他们可以做什么，应该做什么，以及他们却没有做什么。人们可能会想到马克思在《路易·波拿巴的雾月十八日》中对山岳派（Montagne）和秩序党（Ordnungspartei）的批判，他对客观情况的分析并不只是表明某个步骤或某一举措的成功在纯粹客观的层面具有不可能性（如无产阶级在六月起义［Junischlacht］③ 中不可能取得胜利）。在某些地方，它还表明某一阶级、政党及其领导人在主观上没有能力从既定的形势中得出可能的结论，并采取相应的行动。一个例子是，马克思分析了秩序党和波拿巴之间的较量，当时内政部长谈到和平受到的威胁，马克思说："只要瓦伊斯

① 德尔布吕克曾采取类似于卢卡奇所提及的方式对战役的得失予以评点，而梅林曾对德尔布吕克的著作予以高度评价，称其为"新世纪里资产阶级德国的历史编纂学产生的最重要著作"，因而卢卡奇有此发言。
② 查尔斯·丹尼斯·索特·布尔巴基（Charles Denis Sauter Bourbaki，1816—1897）是普法战争中的法军指挥官。恩格斯曾在"战争短评（三十五）"和"布尔巴基的覆灭"中对布尔巴基所指挥的战斗予以评价。
③ 六月起义系 1848 年法国二月革命后工人因不满资产阶级政权而发起的起义运动，最终被镇压。

这么一个人唤来赤色幽灵，秩序党不经讨论就立刻否决一个将使国民议会获得极大的声望并迫使波拿巴重新投入它的怀抱的提案。秩序党本来不应当被行政权所描绘的新骚动的远景吓住，而应当让阶级斗争有些活动余地，以便把行政权控制在从属于自己的地位。"①

只要我们谈论的仅是那些因为客观处境而必然地以虚假意识行事的阶级，那么在大多数情况下，就需要将经济生活的客观现实置于虚假意识的对立面，才能正确地把握经济生活的进程。但是，即使是刚才引用的例子也可以告诉我们，将现实与虚假意识简单地对立起来还不足够。因为"虚假意识"可以是在辩证的意义上虚假，也可以是在机械的意义上虚假。也就是说，有一些客观关系是某一阶级（鉴于其阶级地位）所不可能把握的，而在同样的客观关系中，也存在着一些情景及（符合阶级的）可能性，即有意识或无意识地根据客观情景做出正确的行为。然而，对上述情景的真实思考并不必然得出正确的符合其阶级条件的结论。以下两种意识之间是有差距的：一种是实际拥有的、对自身处境的意识；另一种是鉴于阶级地位所可能拥有的意识。要弥合这两种意识之间的差距，则是政党及其领导人的职责。（我在此重申，我们所面临之困境的第二种情况就是没有对历史状况进行客观正确的科学认知；这只有在历

---

① 此处不经讨论就被否决的是"189 名山岳党人所署名提出的关于大赦政治犯的议案"，瓦伊斯为时任内政部长，"唤来赤色幽灵"指的是当时的形势风起云涌："只要那个叫作瓦伊斯的内务部长出来声明说，安宁只是表面的安宁，有人在加紧进行秘密鼓动，到处都有人组织秘密团体，民主报纸又准备重新出版，从各省传来不利的消息，日内瓦的流亡者正在主持一个通过里昂遍及法国南部全境的阴谋活动，法国处于工商业危机的前夜，鲁贝市的厂主们缩短了工作时间，贝勒岛的囚犯已经骚动起来。"（参见《马克思恩格斯全集》第 11 卷，人民出版社 1995 年版，第 199—200 页。）

史唯物主义的基础上才可能。）

无产阶级的地位有所不同。根据其阶级地位，无产阶级可以对历史进程及其各个阶段产生正确的认识。但它总是具有这样的知识吗？并不是这样的。既然这种"差距"被认为是一个问题，那么每个马克思主义者都有必要研究造成这一差距的原因，而最重要的是研究解决它的方法。我和鲁达什同志在"赋予"问题上的实质性分歧就在于此。我所说的"被赋予"的意识，指的是在任何时候与无产阶级的客观经济地位相适应的意识，而且是无产阶级可以达到的意识。我使用"赋予"一词，是为了清楚地表示这一差距。我再重复一遍，如果这一表述会导致误解，我很乐意让它消失，但我以布尔什维克主义的方式思考阶级斗争，我不会从这一立场上后撤哪怕一步，而屈服于机械论-尾巴主义对这一问题的反对意见。

正如本论战的读者所熟悉的那样，我的说法源于马克思的一段表述（见《神圣家族》）："问题不在于目前某个无产者或者甚至整个无产阶级把什么看做自己的目的，问题在于究竟什么是无产阶级，无产阶级由于其本身的存在必然在历史上有些什么作为。"[①]鲁达什同志以一种过于简单的方式反驳我对这句话的理解。在这段话中，有上文所描述的那种尚未实现的状态，而同时，共产党的任务就在于克服存在和意识之间的距离，或更准确地说，是克服以下二者之间的距离：一者是客观地与无产阶级的经济存在相对应的意识；另一者是由尚落后于经济存在的阶级性质所决定的意识。根据鲁达什的理解，马克思的意思是：

①《马克思恩格斯全集》第 2 卷，人民出版社 1957 年版，第 45 页。

社会主义作家赋予无产阶级一项特定的世界历史使命。他们为什么承担这项使命？以及他们为什么能承担这项使命？这是因为当下社会受到某些法则的约束，这些法则决定了社会的未来走向，就像一块石头的走向受制于重力法则一样，石头不知道它的坠落必然受制于自然力，同样，此刻的无产阶级也不知道它的走向。但仅仅是在现在——马克思说，因为无产阶级不是由石头组成的，而是由拥有意识的人组成的，所以他们会及时意识到自己的历史使命。英国人和法国人已经开始意识到他们的历史使命。而其他的人也会跟上。我是如何知道这一点的？因为——马克思说——作为一个唯物主义者，我知道意识依赖于社会，是这个社会存在的一个组成部分。由于无产阶级的社会存在是这样构成的——经由它所承受的种种痛苦，他们以绝对必然的姿态被迫采取行动，而且其意识也将以绝对必然的方式在一定时间内觉醒。①

而在他看来，"马克思主义者"的任务就在于，按照上述引文所说的——"预期这样的发展"②。

现在，我相信，马克思不会满意于这项旨在"预期"的"马克思主义"的任务。他也不会满足如下想法，即随着时间的推移，无产阶级自然会达到意识形态的成熟状态。在这个问题上，他曾多次毫不含糊地表明了自己的意见。我只想引用他在《机密通知》中所作的一些论述："英国人拥有进行社会革命的一切必要的物质前提。

① *Arbeiterliteratur*，X，S. 695 - 696. ——原注
② *Arbeiterliteratur*，X，S. 695 - 696. ——原注

他们所缺乏的是总结的精神和革命的热情。只有总委员会能够弥补这个缺陷，从而加速这个国家的以及任何地方的真正的革命运动。"① 在这里，有两点对我们非常重要。第一，对于马克思而言，历史唯物主义和以下主张并无矛盾，即当革命的客观条件已经成熟时，无产阶级的意识仍然落后于经济的发展。第二，主动地干预无产阶级阶级意识的发展进程，使之从其现实所处的状态发展到客观上可能的最高状态，这是一项属于国际无产阶级政党的任务。对于我们当下的考量而言，无论如何强调这一事实都不会过分——这是历史唯物主义中一个基础性的方法论问题，无论马克思对英国当时之状况的判断正确与否。

各类机会主义者总是指出马克思和恩格斯对形势的"错误"评估，认为他们"高估了形势的革命成熟度"。我们不想过度详细地探讨这一问题，只需强调，仅仅是没有实现革命的事实并不能证明确实缺乏革命的客观条件：请看上文所引的列宁的论述。我们必须坚持马克思的主张中蕴含的方法论核心。现在，鲁达什同志——正如我们所看到的——承认无产阶级的实际阶级意识与其客观可能的水准存在差异这一事实。他不仅给我们规定了一项"纯马克思主义"的公式，这一公式"预期"了这一事实会随着时间推移而自然地改变，而且他的文章还提出了另一观点来支持以下看法：如果无产阶级并没有获得或多或少的"阶级意识"，甚至对其自身所属的阶级抱有敌意，那是因为他们在经济过程中的地位本就不完全是典

---

① 《马克思恩格斯全集》第 16 卷，人民出版社 1964 年版，第 438 页。

型的。他们要么不在大工厂工作，要么就是小资产阶级的无产阶级。① 鲁达什同志正确地指出阶级地位具有多样性和变化的可能，但他从自己的提法中得出了一个最不正确、最非辩证的结论，即阶级必定会因其自身原因而产生一种不可避免的变化，而在没有共产党的任何有意识的帮助的情况下，对阶级地位的正确理解也会最终成功"涌入"。或者，为了不冒犯鲁达什同志对唯物主义和经济主义的固守，也可以说：如果主体在经济过程中的地位变成了"纯粹的典型"，那么上述差距就不再存在。例如，美国工人在大工厂就业，而我们知道，美国经济组织的技术落后性是他们阶级意识不发达的决定性原因。

严肃地讲，我的目的显然不是要把阶级地位典型与否这个因素的重要性降到最低。② 如果有人从极其宽广的角度考虑无产阶级的整个发展过程，包括这一过程中的所有阶段，那么这种看法甚至可能是正确的——尽管需要一些重要的修改——对此，我们很快会进一步讨论。然而，对于实际的政治而言——幸好鲁达什也认为这些是马克思主义的重要组成部分——不对上述观点加以限定则是完全错误的。如果我们从德国无产阶级以独立的面貌兴起之时开始说起，那么会发现，在当时，恰恰是在最大的和技术上最有组织的机器工厂（如博尔泽希［Borsig］公司等）工作的工人最顽强地坚持与资产阶级和小资产阶级政党的组织统一，而雪茄工人、皮匠、裁缝等则更迅速地加入了革命运动的行列（可参见梅林的《社会民主

---

① 参见 *Arbeiterliteratur*，X，S. 693。——原注
② 参见［匈］卢卡奇《历史与阶级意识》，杜章智等译，商务印书馆 1992 年版，第
415—416 页。

党党史》［*History of Social Democratic Party*］第三卷），只有到了鲁尔区中心的工人（他们确实不受雇于小工厂）或匈牙利的工人运动那里，鲁达什同志的观点才得到了验证，我们可以看到类似的景象到处都是：无产阶级自我意识的清晰和坦率程度，并不与大公司和小公司的等级划分完全一致，甚至根本不相符合。而在相同的情况下工作的工人，其阶级意识几乎总是不同（即便他们也来自类似的社会环境）。我们对无产阶级之意识水平的考量不能停留在这个表面上的、听起来很吸引人的表述上，否则就必然会导致宿命论（就像鲁达什同志那样）。

在前引文本中，鲁达什暗示了"工人贵族"（Arbeiteraristokratie）①这一群体，却没有注意到这和他自己的观点相矛盾。因为恰恰是那些工人贵族才主要来自工人阶级中的某些按照鲁达什的观点属于"最纯粹的无产阶级"的特定阶层。工人贵族招募自技术工人，而且这些技术工人主要来自规模最大的、技术最先进的工厂。社会民主党所确立的理论与实践的出发点与鲁达什同志的出发点相似。他们不顾马克思和恩格斯的强烈警告，把工人贵族的阶级意识与无产阶级的阶级意识相提并论。在发生冲突时，他们把这一层次的阶级利益视为整个阶级利益的代表。他们的意识被认为是充分地代表了整个阶级的意识。如果某人将阶级意识理解为工人所处之直接经济地位的机械的产物，如果某人没有从社会关系的总体性方面对其加以考量，那么此人就必然会推导出上述结论。工人贵族构成了革命运动

---

① 即前文中鲁达什所说的，对自身所属阶级抱有敌意，属于"小资产阶级的无产阶级"的那种工人。

以其总体性方式发展的障碍——为了理解这一点，人们需要放弃直接性，并认识到真正的辩证性的力量。这种力量带来了直接性，并在总体性的语境下给予了它以功能。列宁和列宁的学生们吸取了马克思与恩格斯的教益并将其具体化。他们认识到，如果将工人贵族的利益和意识与无产阶级的阶级利益和阶级意识相提并论，那么革命就会陷入危险之中。在列宁的诸多论述中，我仅试举一例：列宁认为机会主义是"为了少数工人的暂时利益而牺牲群众的基本利益"①。本着同样的精神，季诺维耶夫也说：

> 社会沙文主义者（Social Chauvinist）将一小部分工人贵族的狭隘利益误认为是工人阶级的利益。这样的错误是可以理解的。因为工会和社会民主党的领导人自己就大多来自这一工人贵族阶层。工人贵族和劳动官僚主义是一对双生子。当社会沙文主义者谈到工人阶级的利益时，他们往往——以相当不自觉的方式——想到的是工人贵族的利益。但即便在这里，他们想到的也不是真正的利益（采用"利益"一词的较为宽泛的含义），而是眼前直接性的物质利益。这两者绝对不是同一回事。②

这已经把问题说得非常清楚了。

---

① Lenin，Sinoviev，*Gegen den Strom. Aufsätze aus den Jahren 1914 -1916*，Verlag der Kommunistischen Internationale，1921，S. 157.《反潮流》文集收录的主要是列宁与季诺维耶夫两人于 1914 年底至 1917 年初发表在《社会民主党人报》上的文章，以及一篇发表于《共产党人》杂志上的长文。

② Sinoviev，*Der Krieg und die Krise des Sozialismus*，Wien：Verlag für Literatur und Politik，1924，S. 546. ——原注

　　但为了澄清这一问题的方法论维度，还须面对以下问题：季诺维耶夫同志有什么理由认为工人阶级的真正利益和眼前的物质利益绝对不是一回事？他在谈论工人阶级的"真正"利益时，并不认为这是一种可以追溯其经济根源的"社会学"意义上的区别，而是认为其中一种利益（以及与之对应的意识）是正确的，另一种利益是错误的和危险的。这样的看法又有何理由？（如果鲁达什同志在我的书中看到这样的表述，他又会开始愤愤不平地谈论"评判"[bewerten]的概念，谈论李凯尔特对我的影响等。）答案很简单：真正的那种意识是对阶级的社会和经济地位的总体把握，另一种意识则停留在特定的和暂时的利益这一直接性层面上。然而，这只是问题的起点。因为，首先，这个问题所关涉的是一个关于客观阶级立场的概念，且这一概念具有理论上的正确性，其中关键的一点就是理论分析的客观正确性。就其本身而言，这两种观点都是社会存在经由因果作用而在人类头脑中造成的产物，在这方面，二者之间并无什么不同。其区别在于，它们各自对客观社会存在的分析，是流于表面的还是深入的，是机械的还是辩证的，是带有拜物教式的意识形态色彩还是富于实践与批判力度。乍一看，它们似乎非常相似，但只有当这种直接性被超越时，二者的差异才会显明出来，那些困居在直接性之中并隐藏在意识之内的客观的中介形式才会被揭示出来。这也就能解释为什么一种正确的理论不仅可以拒斥错误的理论，更能指出那些催生了错误理论的因素。错误的理论以一种不加分析的直接性采用了这些因素，并以一种与之对应的抽象方式来对其加以普遍化，而正确的理论可以指出这些因素。（这就是为什么布尔什维克能够指出令孟什维克得以出现的社会因素，而反过来，孟什维克却只能重复那些诸如"政变""宗派主义"的表述；这就是为什么列宁同志在有关自决权［Selbstbestimmungsrecht］的论战中可以揭示出波兰与荷兰"左翼激进分子"的社会根源，并同时反驳他们的错误理论。①）

其次，单纯针对客观经济状况的分析，即便在理论上是正确的，也不够充分。如要获得正确的指导方针，就必须超越这种分析。然而，如果针对客观经济状况进行分析的客观正确性并不是立竿见影的，那么就必须经过深思熟虑才能得出指导方针和与之相应的行动口号。它们绝不是"自发"产生的，即便它们"自发"在工人中产生了影响，但这也不能被视为判定其正确性的准则。列宁同志指出，在特定情况下，似是而非的"左"的口号往往比正确的口号更能发挥强有力的直接性影响。他补充道："然而这并不能证明这种策略就是正确的"②。人们经常重复"反潮流"（Gegen den Strom）的必要性，恰恰是这种必要性——在马克思和列宁那里都是如此——证明了所有"自发理论"都是无根据的，且在客观上是非革命性的。然而，正确的口号究竟是什么样的呢？它们不只是大多数工人的思想和感受，或普通工人的思想和感受。它们恰恰是"人们在特定生活状况中，可能具有的那些思想、感情等等；如果对这种状况以及从中产生的各种利益能够联系到它们对直接行动以

---

① 参见 Lenin, Sinoviev, *Gegen den Strom. Aufsätze aus den Jahren 1914 - 1916*, Verlag der Kommunistischen Internationale, 1921, S. 405ff。——原注

② 列宁的原文为："例如在 1907—1908 年间，'左派'布尔什维克有的时候在有些地方鼓动群众，比我们更有成效。这在某种程度上是由于在革命的时刻或在人们对革命记忆犹新的时候，采取'简单'否定的策略比较容易接近群众。然而这并不能证明这种策略就是正确的。"（《列宁全集》第 39 卷，人民出版社 2017 年版，第 85 页。）

及整个社会结构的影响予以完全把握，就能认识与客观状况相符的思想和感情等等"①。由此，我们就达到了"被赋予"的阶级意识，因为以上这些——不多也不少——就是它的内涵，不管它被称作"被赋予的"还是其他什么名字。

当然，鲁达什同志会反驳：有什么理由将这种意识称为"阶级意识"呢？他说："但是，我们并不是因为无产阶级的意识正确或错误地反映了他们的情况而把它称为阶级意识。而是因为这种意识，连同其所有的特殊性，都是无产阶级所特有的。"② 不言而喻的是，按照鲁达什的说法，正确的和错误的观念都是无产阶级所特有的。然而，就这句话而言，任何从事鼓动和宣传工作的人都可以给鲁达什同志上一课，他会问鲁达什同志，他是不是可以把有阶级意识的工人与没有阶级意识的工人（他们同样是工人，他们的思想同样是由无产阶级的存在决定的）对立起来？他要问鲁达什同志，他是否有权对反罢工者所具有的无产阶级阶级意识提出异议，甚至是对一个摇摆不定的工人所具有的无产阶级阶级意识提出异议？而且，当他通过分析客观情况，并由此制定口号以唤起阶级意识时，他是否有权来唤醒并提高此种阶级意识？他是否会满足于确定以下情况，即经济的发展仅仅在普通工人中产生了一定程度的阶级意识，而他——一位马克思主义者——将会"预料"到随着经济的发展，这种阶级意识也将逐渐发展到更高水平？在这样的情况下，我们发现自己陷入了考茨基主义（Kautskyist）的泥沼。在考茨基主

① ［匈］卢卡奇：《历史与阶级意识》，杜章智等译，商务印书馆1992年版，第104页。
② *Arbeiterliteratur*，X，S. 690. ——原注

义的理论中，"生产力水平"就是命数，斯大林同志正确地将这一观点视为对马克思主义的扭曲：

> 因为在当时的那种"生产力水平"下，再没有别的办法可想。"应该归咎于""生产力"。考茨基先生的"生产力论"正是这样向"我们"解释的。而谁要是不相信这个"理论"，谁就不是马克思主义者。党的作用呢？党在运动中的意义呢？可是，党对于象"生产力水平"这样的决定因素又有什么办法呢？①

鲁达什同志也许可以反驳说，在某些情况下（尽管这与自发主义的尾巴主义不相容），工人可能不会接受明显正确的理论和由此产生的正确口号。然而，认为这种正确的知识（正确的知识将发出战斗的呐喊〔Apage satanas!〕）在现实的阶级斗争中具有决定性的作用，是一种纯粹的唯心主义。在我论述所谓的"时刻"理论，以及分析马克思列宁主义有关"起义是一门艺术"的观念时，我已经对鲁达什的论证作出了回应。因此，在这里，我们只需要从列宁的众多表述中引用几句相关的话就足够了。列宁同志在俄共（布）第十一次党代会上说："共产党员不过是沧海一粟，不过是人民大海中的一粟而已。他们**只有不仅从世界历史发展方向来看是正确地确定了道路**，才能领导人民走他们的道路。"② 以及，在他的文章《共产主义运动中的"左派"幼稚病》中，他正在为其他国家的共产主义者总结俄共的经验，而当他解答布尔什维克成功的主要条件

①《斯大林选集》上卷，人民出版社 1979 年版，第 202 页。
②《列宁全集》第 43 卷，人民出版社 2017 年版，第 100 页。

时，他首先强调了正确的理论。这一切都是马克思主义和列宁主义的基础知识，但我却要如此详细地解释这一切，这让我觉得既可悲又可笑。但这是必需的，因为我们现在遇上了与党相关的问题。对于自发理论的所有拥护者而言，这个问题都或自觉或不自觉地构成了真正的绊脚石。（我又一次提到鲁达什同志关于匈牙利专政的文章。）我同意马克思的观点：阶级意识不是关于"目前某个无产者或者甚至整个无产阶级把什么看做自己的目的"[1] 的问题。那么，阶级意识既不是一个心理学问题，也不是一个大众心理学问题。然而在这里，鲁达什同志已然愤愤不平："人们现在可能会相信，卢卡奇同志发现了区别于个体心理和大众心理的第三场所（der dritte Ort）——在那里，无产阶级的阶级意识可能在神或诸神身上得以实现，又或者在历史夫人（Dame Geschichte），或其他类似的东西那里被实现。"[2] 你看，我显然把意识变成了一个"历史的精灵，一个历史的、现实的精灵"[3]，又显然是一个老黑格尔主义者……然而，让我告诉鲁达什同志（或更准确地说，让我打断他的尾巴主义）：共产主义者要找到这"第三场所"并不困难，那个场所就是共产党。

我们都知道《共产党宣言》给共产主义者所下的定义，共产国际第二次代表大会几乎一字不差地把它纳入了自己的纲领。因此，意识到有必要对无产阶级的阶级意识加以组织，这已经是共产党的基本常识。然而，一旦一个句子被翻来覆去地重复，那么即便它包

---

[1]《马克思恩格斯全集》第 2 卷，人民出版社 1957 年版，第 45 页。
[2] *Arbeiterliteratur*，X，S. 681. ——原注
[3] *Arbeiterliteratur*，X，S. 687. ——原注

含着真理，人们也容易不假思索地、毫不质疑地接受它。而当人们不再复述它的原貌，也忽视它的原意，甚至宣称从中得出了相反的结论时，情况又将如何呢？这就是发生在鲁达什同志身上的事。鲁达什同志表达了崇高的愤慨，他对以下事实感到不安——在我的书中有这样一节似乎犯下了罪过的文段："正是这种分裂提供了理解阶级意识的途径，就象本文前面的格言所强调的那样，阶级意识不是个别无产者的心理意识，或他们全体的群体心理意识，而是变成为意识的对阶级历史地位的感觉。"① 他认为我混淆了意识和意识的内容。② 我非常能理解鲁达什同志的愤愤不平：他的康德主义总是被艰难地压制着，不得不时不时出来透透气，反抗形式和内容在事实上的纠缠。因为康德主义的本质是把形式和内容完全分开，在当下的语境之中，这是一个重要的事实。

> 无论意识的内容恰好是什么样的，人们的思想、感受、目标等可能会常常改变。在每个特定的阶段，他们的头脑中都存在着由这些东西组成的综合体，而正是这个综合体被称为"意识"。这种意识能在个人的心理上实现，也可以在大众心理的层面上实现。这种"心理或大众心理"是什么意思，则需要由另一门科学，准确地说，是心理学（大众心理学）这样一门自然科学决定。③

简而言之，意识的内容是一个"社会学的"问题，而意识本身

---

① ［匈］卢卡奇：《历史与阶级意识》，杜章智等译，商务印书馆 1992 年版，第 133 页。
② 参见 *Arbeiterliteratur*，X，S. 682。——原注
③ *Arbeiterliteratur*，X，S. 682 - 683. ——原注

是一个"心理学的"问题；这两个问题之间的关联是松散的和疏远的，因为它们分属于"不同的科学"。鲁达什同志说：

> 在这段文本的第二部分，卢卡奇定义了那种仅对他而言可被算作意识的东西——也就是意识的内容。它的定义是，意识就是对阶级之历史使命的认知。但这是一种截然不同的情况，如果你乐意的话！在任何特定时刻，人们意识的内容是什么？这一内容是否与现实相吻合，这本身就是一个问题，它和意识是否属于心理层面或大众心理层面毫无关系！无论内容是正确的还是错误的，是否表达了"对阶级之历史使命的认知"，承载了这一内容的意识仍旧要么属于心理层面，要么属于大众心理层面！①

总之，鲁达什同志认为，对"心理学"和马克思主义之间的关联加以解释是一个"极其有趣"的问题，然而，按照他表述这一问题的方式，从该问题中极不可能产生任何有意思的东西。

如果我们试图摆脱鲁达什面对这一问题时高度模式化和康德主义的处理方案，那么我们就必须追问（此处所针对的是阶级意识，而不是一般意义上的意识），在处理意识时，意识是否真正可能和意识的内容区分开来？到目前为止，我们的论述已经表明这是不可能的。让我们回到前文中的例子，当我们否认一个反对罢工者具有无产阶级阶级意识时，我们既不是在否认他的社会存在是一名工人，也不是在否认他的头脑中（在他属于工人的头脑中，鲁达什同志！）正在发生一个导致他反对罢工的意识过程（甚至是一个具有

---

① *Arbeiterliteratur*, X, S. 682. ——原注

因果必然性的意识过程）。我们只是在讨论其意识的内容是否与其客观阶级地位相对应。对于一名以辩证方式思考的思想家，意识的概念必然与其内容无法分割。它是一个具体的概念，而康德——无论他怎样小心翼翼地把自己伪装成一个唯物主义者——也总是寻求一个形式的、一般化的定义（对于鲁达什同志来说，他所寻求的就是心理学）。它可以与一种抽象的内容相联系，而考虑这种内容则是"另一门科学"的任务。因为他绝对无法想象内容和形式之间的辩证关系，无法想象形式由内容决定，也无法想象相应的辩证性的变化。所以我完全可以理解他那高贵的愤慨（这种愤慨带有心理学——或者用鲁达什喜欢的词来说——大众心理学的色彩）。因为从他的机械二元论的角度来看，这个使阶级意识得以实现的场所只能是"恶魔"或"诸神"，因为对于机械二元论而言，这"第三场所"必须保持超越性。真正的社会基础是党，但在尾巴主义者看来，党总是带有一定的超越性。

然而，如果拒绝按照鲁达什同志的方式一味地遵循康德之形式与内容的分离，那么问题其实很简单。我们重申：阶级意识的概念是一个包含内容的概念。它是一个具体的概念，而令这一概念得以实现的场所，也就是那声名昭彰的"第三场所"，即是共产党的组织。列宁同志从一开始就明确强调了党的这一使命，并在反驳自发主义-尾巴主义者的过程中明确地捍卫了这一使命。他说："为了真正成为自觉的表现者，党应当善于造成一种能保证有相当的觉悟水平并不断提高这个水平的组织关系。"① 当然，这个过程是在党员

---

① 《列宁全集》第 8 卷，人民出版社 2017 年版，第 270 页。

的头脑中进行的，但仅凭这一点并不足以决定性地解答这一问题，因为机会主义的思想和组织形式也会在机会主义者的头脑中发生，就像革命的观点在革命者的头脑中发生一样，从心理学的层面来看，二者在形式上是一样的，这两种观点都在相同的意义上是"有意识"或"无意识"的。因此，作为自发性理论的代表，罗莎·卢森堡一以贯之地（也就是以一种错误的方式一贯地）声称："但是，既然社会民主党的运动是一个群众运动，威胁它的暗礁不是从人们头脑中而是从社会条件中产生的，那么预先防止机会主义错误就不可能做到。只有当这些错误在实践中获得了具体形式之后，才能通过运动本身克服它们，当然要借助于马克思主义提供的武器。从这一角度来看，机会主义也是工人运动本身的产物，是工人运动的历史发展的不可避免的因素。"① 但实际上，决定性的问题在于：一方面，对无产阶级地位的正确认识（列宁所说的"意识水平"，我所说的"对阶级历史地位的感受"）如何能够被提高到一个更高的水平，也就是说，在内容上变得更加正确，更加适合于实际情况。另一方面，如何使得这种意识在尽可能多的阶级成员中被意识到（用列宁的话来说，保证有相当高的觉悟水平并不断提高这个水平的组织关系）。

当然，这样的关系必须被理解为处于不断运动中的要素之间的关系，即被理解为一种过程。（我希望我已经充分地解释了如何从辩证的层面上理解"过程"一词，如此一来，这就不会给尾巴主义者留下对付我的口实。）这意味着经济存在以及伴随经济存在的无

————————

① 《卢森堡文选》，李宗禹译，人民出版社 2012 年版，第 132 页。

产阶级阶级意识及其组织形式也在不间断地发生转变。在这个过程中，此处所描述的提升阶级意识的规定（Bestimmungen）对这一转变过程中的每一时刻都是有效的，而每个阶段都是前一阶段的产物，同时也构成了决定即将到来之阶段的原因。因此，阶级意识以及对阶级历史地位的感觉都不是永远不变的概念，而是对具体历史情境中具体关系的表达。"无产阶级的阶级意识成为独立的并采取了客观形式这一点，只有当它在每个时刻真的体现无产阶级这个时刻的革命意义时，对无产阶级才有意义。"① 那么，这种发展，这种阶级意识水平的提高，不是无止境的（或无休止的）进步，不是朝着一个永恒的目标前进，而本身就是一个辩证的过程。它不仅不断地与整个社会现实的发展交替进行（例如，如果因为摇摆不定或先锋队的意识水平低下，因而无产阶级的行动没有成功，那么目标的状况会被改变，使进一步的发展——在某种意义上——在较低的水平上开始），而且相应地，它不是沿着毫无曲折的向上路线行进的。准确地说，布尔什维克的自我批评对政党的发展具有空前的意义，并通过政党向整个无产阶级传递。自我批评这一事实清楚地表明了上述观点。因为在方法论的层面上，自我批评意味着：知道在某一特定时刻党的行动没有达到客观上可能达到的水平。在研究实际活动的水平与其具体和客观可能性之水平的差距，并探寻造成这一差距的原因时，不能简单地对客观原因加以确定，因为这种"客观主义"，正如季诺维耶夫同志正确指出的那样②（见《反潮流》

---

① ［匈］卢卡奇：《历史与阶级意识》，杜章智等译，商务印书馆1992年版，第426页。
② Lenin，Sinoviev，*Gegen den Strom. Aufsätze aus den Jahren 1914 -1916*，Verlag der Kommunistischen Internationale，1921，S. 239. ——原注

文集），充其量是一种宿命论。相反，研究造成错误的原因是为了消除此种原因。这就是为什么完全有可能正确地认识并彻底纠正错误，且这种认识和纠正比部分正确但只是自发产生的活动更加能够提升阶级意识水平。

为此，列宁的组织形式是必不可少的，绝不像卢森堡同志所认为的那样，是"纸面上的"无用保证。相反，它们是令无产阶级阶级意识得以出现，并得到进一步发展的决定性因素。无产阶级的组织形式首先是党——党是真正的中介形式——意识在其中出现，并通过它得以发展，保持与无产阶级的社会存在的发展相一致。无产阶级的组织形式部分是自下而上、通过阶级斗争而自发出现的，而这些组织部分地创造了意识（可能是正确的，也可能是错误的）。然而，如果认为阶级意识唯一可能或唯一正确的出现方式是自下而上的，那么就会出现这样的危险：组织形式的中介功能将被排除在外。一方面，组织被低估了，解放仅由创造组织形式的自发群众运动所带来，而组织被贬为抑制性的，是"保守的性质"[1]。另一方面，如果以这种方式理解组织并以此引导它的运行，那么它的确会变得保守和僵化，这使得它与不断变化的活生生的历史存在发生脱节。问题的两方面密切相关。资产阶级社会学家如米歇尔斯[2]提出了"党派社会学"（Parteisoziologie）中的"保守性"因素。资产阶级社会学家一贯地从资产阶级的视角出发，当然同样一贯地忽视了无产阶级

---

① 《卢森堡文选》，李宗禹译，人民出版社 2012 年版，第 123 页。
② 罗伯特·米歇尔斯（Robert Michels, 1876—1936）是德裔意大利籍社会学家，其代表作包括《寡头统治铁律——现代民主中的政党社会学》，他的立场偏向于工团主义，认为包括社会主义政党在内的政党是不可能实现民主的，因为政党很快会演变成寡头官僚组织。

组织的特异性。而鲁达什同志在无产阶级的阶级意识问题，也就是组织问题上，秉持康德主义的形式-内容二元论，并希望以"一般"心理学和社会学的方式解决阶级意识问题，他的方法也是非常一贯的。每次他以一种纯粹沉思的、思辨的视角看待历史问题时，他都站在自发性的阵营中（即便他不承认这一点，甚至没有意识到这一点）。因为从方法论的角度来看，自发性理论自称是从无产阶级立场出发并应用于无产阶级阶级斗争的视角，但它实际上是一种静观的视角，因此具有资产阶级的二元论特征和非辩证特性。

我将组织称为真正的中介形式，其真正意义何在？这又涉及马克思主义的基本原理。相当不幸的是，我必须再次强调：社会现象的实际构成并不是直接显现的。社会存在的直接显现形式并不是大脑里的幻想，而是构成真实存在形式的要素，也是资本主义社会的真实存在条件。对于生活在资本主义社会中的人来说，这是很"自然"的。它们会受困于这些形式，而不再努力揭示那些隐藏起来的相互关系（即中介）。通过这种中介，这些现象在现实中相互联系；也是通过识别这些中介，我们才能在正确的关联中对其进行认识。如果鲁达什同志①仅仅将马克思主义理解为一门经验科学②，那么他就成了资产阶级片面性的受害者。因为他以康德式的僵化的二元

---

① 参见 *Arbeiterliteratur*，X，S. 673 - 674。——原注
② 鲁达什写道："正如在自然科学中一样，在马克思主义的社会科学中，因果关系（或相互作用）是一种在现实中起作用的自然力量或社会力量。它使得各种现象之间具备一定的关系，这种关系是在现实中被给定的也不可改变的，我们的任务只能是从经验中寻找这种关系，而不是根据'知识的目的'来构建这种关系。这种关系具有普遍性，即它不仅仅存在于单一的事实中，而是在一系列的事实之中，都能看到现象之间的因果关系。因此，这种关系可以通过一般性的规律来表达。如达尔文提出的关于发展和进化的规律，以及马克思主义提出的关（转下页）

对立将经验的观察方式和先验的观察方式对立起来。诚然，马克思强调历史唯物主义的经验特征，这与建构性的历史哲学形成鲜明对照。然而，在反驳经济学上的经验主义时，马克思强调："如果事物的表现形式和事物的本质会直接合而为一，一切科学就都成为多余的了。"① 而且他强调，李嘉图主要的错误就在于"他的抽象还不够充分，不够完"②。而这些正确的抽象概念，并不像黑莓、老生常谈之事以及与鲁达什同志亲如兄弟的驴子③那样是直接从经验现实中生长出来的（当鲁达什热衷于在他和驴子之间建立亲如兄弟般的关系时，他忽略了弗朗西斯·雅姆［Francis Jammes］的"唯物主义者的灵魂"概念中蕴含的天主教方济各会色彩和庸俗底

（接上页）于生产过程和社会领域中的政治与精神活动之间的依存规律。因此，无论是在自然科学还是在马克思主义中，人们都不会发现在李凯尔特学派和韦伯那里出现过的'推定'问题。在社会事件的复合体中，什么是因，什么是果，这在马克思主义者眼中从来都没有疑问；在这个复合体中，什么是重要的，什么是不重要的，也从来没有疑问。请注意，也许会出现一个问题，即一个特定的具体事实是否应从这个或那个原因中得出。但毋庸置疑的是，事件复合体中的各种联系遵循着由规律所规定的顺序。它们是否以因果关系相连接，或它们以何种方式、何种顺序相连接，这都是毋庸置疑的。马克思主义的社会科学中，各种联系所遵循的顺序是明确固定的。而这一学说是一种经验性的理论，是从经验中构建出来的，它只想表达真实的东西，以及真正在现象中得以呈现的东西。在这方面，马克思主义是纯粹的自然科学。"——英译者注

① 《马克思恩格斯全集》第46卷，人民出版社2003年版，第925页。
② 《马克思恩格斯全集》第34卷，人民出版社2008年版，第115页。
③ 参见 *Arbeiterliteratur*，XII，S. 1070。——原注　鲁达什写道："羊和人都是自然界的组成部分。或者正如法国诗人弗朗西斯·雅姆（他拥有一个唯物主义者的灵魂）所表达的那样：'哦，你们这些可怜的驴子，你们都是我的兄弟！'如果自然规律以辩证的方式作用于羊群，以使得它们具有'本能'，那么人类的情况也是如此，他们的'本能'已经成为一种'意识'。马克思和恩格斯一直明确强调：自然和社会（羊和人）之间不仅没有区别，而且其在本质上是相同的。他们说得很简洁……"——英译者注

色）。同样，正确的抽象概念也不像鲁达什同志那样不依赖于理论性的立场。[①] 当然，它们的可被识别性并不取决于任何资产阶级意义上的"认知的目标"（Erkenntnisziel），而是取决于阶级的立场，以及以阶级立场为条件的"认知的目标"。在马克思对斯密和李嘉图的批评中，可以看出其阶级立场以及由阶级立场所决定的知识目标在其有关现实的概念（通常在经验上是正确的）中发挥的作用（在这里，我有意没有谈论那些资产阶级辩护士）。与此相反，如果只有历史唯物主义有能力提供关于资本主义社会的客观正确的知识，那么它就不能独立于无产阶级的阶级立场而提供这种知识，更确切地说，这种知识正是从这一立场得出的。如果有任何人不能看到二者之间的联系，将无产阶级的阶级立场和历史唯物主义区分开来，那么他要么是非辩证的二元论者（如割裂理论与实践的希法亭），要么是唯心主义观念论者（就像拉萨尔）。鲁达什同志似乎在这两个阵营之间反复摇摆。而以唯心主义或非辩证的方式看待阶级立场和历史唯物主义会带来何种后果？这一点将在稍后得到讨论。

通过探求构成阶级立场与自觉且正确实践之中介的现实联系，列宁找到了无产阶级实践的具体可能性——这必须被算作他不朽的理论成就（一个鲜明的反例是卢森堡，她坚持未经中介的神话的视角）。这是因为，对无产阶级的阶级意识而言，无论在其内容方面，还是就其出现和发展来看，这些都不会以一种直接的方式被提供。只要阶级意识之成长过程中真正的中介环节尚未被发现，那么它在

[①] 参见 *Arbeiterliteratur*，X，S. 673。——原注

实践中也不会得到分析，只能以一种自发且处在原始阶段的方式发展（对于真实的社会力量而言，如果它没有得到认识，那么其效力便具有一种自发性）。为了消除这种自发性，仅承认产生并决定阶级意识的经济与社会的一般存在形式是远远不够的——即便其在经济上最细微的细节也得到了计算。相反，那些对这一过程起真正的促进或抑制作用的、具体且现实的中介形式（当然，这些形式与经济发展的总体过程相联系，并以后者为基础）应当被具体地认知及具体地应用。马克思不仅仅是《资本论》的作者，也是共产主义者同盟和第一国际的发起人，而列宁在这方面尤其伟大，也是马克思的学生中唯一和他具有同等地位的人，他是俄国共产党和第三国际的创始人，这不仅仅是一种"理论发展"，也恰是一种组织形式。

　　机会主义者从一开始就抵制为列宁所认知和应用的那种组织形式，他们视之为"人为的"形式（künstliche Formen）——直到今天，这种抵制仍在继续。而抵制的原因清晰可见——这和鲁达什以令人不胜其烦的方式重复尾巴主义并反驳我所提供的定义有着相同的原因。很显然，这些组织形式不只是对普通工人未经中介之意识状态的心理表达（即便此人的情况"非常典型"），即是说，它们不是从心理层面或大众心理层面的感受，而是从对整个历史过程的正确认识出发，从其经济、政治、意识形态等方面的总体性出发，制订出极为现实的措施。在这些措施的帮助下，首先，无产阶级中一部分人的意识水平得以提升，从而产生与其客观总体形势所对应的正确意识；其次，对于广大工人和其他被剥削的人们而言，他们能够在斗争中得到正确的领导。必须强调，只有一部分工人可以被提升到这样的水平。列宁反复声明这一点："如果以为在资本主义制度下，不论在什么时候，几乎整个阶级或者整个阶级都能把自己的觉悟程度和积极程度提高到自己的先进部队，即自己的社会民主党的水平，那就是马尼洛夫精神和'尾巴主义'的。"① 然而，即便对于这一部分工人阶级而言，其意识水平也不是"凭借自身"（von selbst）得以提升的，而且，甚至不能将之视为内在于其直接经济地位以及由此导致的阶级斗争的结果。正如列宁在《怎么办》（*Was tun？*）一文中所解释的那样："正确的阶级意识"（他所用的术语是社会民主主义的意识）"只能从外面灌输进去，各国的历史都证明：工人阶级单靠自己本身的力量，只能形成工联主义的意识，即确信必须结成工会，必须同厂主斗争，必须向政府争取颁布对工人是必要的某些法律，如此等等"②。这是一个历史的过程，有目标意识的行为蕴含于自发因素之中。此外，转变不能单单自下而上地发生。

尽管如此，在这种"从外部"（von außen）而来的因素和工人阶级之间仍然存在着辩证性的相互关系。马克思和恩格斯虽然出自资产阶级，但其学说是工人阶级发展的产物——当然，并不是以一种直接的方式。而且，不仅仅是学说本身，即便是构成这一学说之基础的要素（李嘉图、黑格尔、法国历史学和社会学派）都或多或少地有意识地在其思想中总结了令无产阶级得以产生且构成无产阶级之部分的社会存在。马克思和恩格斯是先行者，在他们看来，只有基于此种客观的社会存在，理论和阶级斗争才能被结合起来——

---

① 《列宁全集》第8卷，人民出版社2017年版，第255页。"马尼洛夫精神"来自果戈理《死魂灵》中的地主马尼洛夫，此人成天只是抽烟和漫无边际地幻想。马尼洛夫精神指的是"耽于幻想，无所作为"（《列宁全集》第8卷，人民出版社2017年版，第527页）。
② 《列宁全集》第6卷，人民出版社2013年版，第29页。

从直接性的角度来看，它们似乎是以相互独立的方式运行的；而直到成为"社会运动的有意识的产物"，理论才随之具有了革命性（见《哲学的贫困》）。然而——按照列宁既正确且深刻的观点——即便是这样的理论也是从外部影响无产阶级。即使社会的经济发展使建立在这一理论基础上的无产阶级政党成为可能，它对阶级自发运动的影响仍将来自"外部"——当然，这种"外部"需要经由具有决定性的辩证的方式被限定。只要资本主义社会还存在（甚至在资本主义之后的某些时候），整个工人阶级就可以"自发地"达到客观上与其经济地位相对应的意识水平，这并不是马克思主义的观点。而进一步的发展则在于这样一个事实：这种在阶级"外部"的因素将与阶级越来越接近，以至于最终失去其外部性。由于考虑到在目前的发展水平上，这种"外在于阶级"的因素还不足以摈弃列宁所指出的那种辩证关系。因为无产阶级在社会中所处的位置只是将它直接置于与资本家的斗争关系中，而当无产阶级的阶级意识结合了对资产阶级社会总体的知识时，它才成为真正的阶级意识。在同一篇文章的另一处文段中，列宁用以下方式解释了这一思想："阶级政治意识只能从外面灌输给工人，即只能从经济斗争外面，从工人同厂主的关系范围外面灌输给工人。只有从一切阶级和阶层同国家和政府的关系方面，只有从一切阶级的相互关系方面，才能汲取到这种知识。"[1] 列宁还作了补充："无产阶级的自发斗争如果没有坚强的革命家组织的领导，就不能成为无产阶级的真正的'阶级斗争'。"[2] 这样的组织是由认识

①《列宁全集》第6卷，人民出版社2013年版，第76页。
②《列宁全集》第6卷，人民出版社2013年版，第128页。

到这一点的人所组成的，而谁又愿意朝这个方向积极地努力呢？那就是专业的革命者："革命家的组织应当包括的首先是并且主要是以革命活动为职业的人（因此，我说是革命家组织，我指的是社会民主党人革命家）。既然这种组织的成员都有这种共同的特征，那么，工人同知识分子之间的任何区别也就应当完全消除，更不用说他们各种不同的职业之间的区别了。"①因此，对于列宁而言，革命的社会民主主义者是"雅各宾派"："同已经意识到本阶级利益的无产阶级的组织密切联系在一起的雅各宾派分子，就是革命的社会民主党人。"②

　　然后呢？所以，这神秘的"第三场所"，这个"历史的精灵"（der historische Dämon）就是共产党——对于尾巴主义者鲁达什而言，仅仅将其视为一种可能性似乎都是不可能的——共产党有一个有意思的特征：它是一种必然会朝着自觉发展的内容。一方面，这意味着思考着的意识能被视为自觉的（阶级意识）——这取决于党能否对其思想内容产生意识；而另一方面，内容如要实现，就必然会变得有意识，必然会在人们的头脑中发挥作用。组织形式的存在是为了使这个过程成为现实并予以加速，为了使这些内容在工人阶级（工人阶级的一部分）中变得有意识。一旦有了意识，工人就变成了具有阶级意识的工人。也正是这些内容充分地与他们所处的客观阶级处境相对应。在这里，我们可以看到鲁达什同志在我对阶级

---

① 《列宁全集》第 6 卷，人民出版社 2013 年版，第 106—107 页。
② 《列宁全集》第 8 卷，人民出版社 2013 年版，第 383 页。

意识的定义中发现的"简单的矛盾"①。作为一种辩证的事态②，也
就是说，它背负着一个辩证的矛盾——因为在阶级意识背后对其构

---

① *Arbeiterliteratur*，X，S.679.　——原注
② 鲁达什写道："什么是'历史形势'？就像其他的'形势'一样，它的作用独立于
　人类对它的意识而生效（虽然也会通过人类对它的作用发挥效力）。而谈到对这
　种作用的'感觉'又意味着什么？它意味着两件事。对于唯物主义者来说，说某
　一事物是客观的，也就是说它会独立于人们对它的理解而发生，而自然会被有思
　考能力的人把握。如果石头从斜面上自由落体——那么万有引力定律就会被知
　晓；如果要么坐上王座，要么人头落地——那么关于社会和革命的法则就会被知
　晓。这种'知晓'无非就是对这种作用的'感觉'。而这种感觉——如前所
　述——是人们的一种心理过程，他们的思考能力被事件激起。但是，这个心理过
　程本身只是生理过程的一个方面，而不是某种高于或超出生理过程的东西。与此
　相同，一个有意识、有目的的过程也无非是客观过程本身的一部分。因此，唯物
　主义者说，一个阶级的'历史作用'和对这个历史作用的'感觉'是没有区别
　的。但唯心主义者认为它们彼此不同。每一个'过程'都必须被'感觉'到，即
　致力于实现某个目标。世界（自然和社会）不可能没有它所朝向的最终目标；没
　有目的：那将是'无法被感觉到'的。换言之，如果我们研究某一自然过程或历
　史过程，那么在事件的因果关系之外还有其他东西存在，那就是这一事件所指向
　的目标。自然界和社会拥有其所指向的目的，而与之相关的事件有助于实现这一
　目的，且只有那些有助于完成这一目的的事件才是'重要的'或'具有历史意义
　的'。正如我们所看到的，这些就是我们在李凯尔特和韦伯那里了解到的所谓
　'价值观''文化价值观'等。但卢卡奇同志也说：'阶级意识是对阶级历史地位
　的感觉，使之成为有意识的。'根据我们上面所探讨的，他要么是认为'对阶级
　历史地位的感觉'就是这种价值判断，要么用更简单的方式来理解，他指的是对
　社会事件之展开及其服从于社会法则之趋势的认识。即使在这种情况下，'阶级
　意识'也说出了更多的东西。关于这一点，我们可以进行更多的讨论。当然总的
　来说，我是同意他的观点的。但令人震惊的是，这个简单的事实竟然以这样一种
　唯心主义和深具误导性的方式被表述出来。正是为了避免这种危险，马克思主义
　者会偏爱另一种语言。也就是说：生产力所到达的每一个阶段都会将社会推向特
　定的方向，这个方向是'更高'还是'更低'，是'进步'还是'倒退'均视情
　况而定。而这无非就是它的全部'意义'所在。这个方向是可以被把握的，可以
　使之具有意识……但我提出的问题是：'在哪里可以使之变得具有意识？在谁的
　身上它会变得具有意识？它又是如何变得具有意识？'
　　要么它在单个个体（比如说无产者）的身上变得具有意识，要么它在整个阶
　级中变得具有意识。还有第三种可能性吗？到现在为止，人们还没有意（转下页）

成支撑的现实是辩证性和矛盾性的。而他指控我陷入了唯心主义①，但我实际主张的是由具有阶级意识的无产阶级构成的布尔什维克组织形式。"过程"与对过程的"感觉"② 之间的差别根本不存在，

（接上页）识到他们的历史作用。至于为什么没有，以及他们意识到了什么内容，则是另一个问题。现在他们由于某种原因意识到了这一点。这也就等于说，现在在他们的头脑中可以找到与过去不同且具有现实性的心理上的思想、感觉与目标等，它们比过去的那些思想、感觉与目标更好地对应于现实。'成为有意识的'这句话是否也有其他含义？对于这些新的思想、感觉与目标等，人们可以用'对阶级历史地位的感觉'这个表述来概括，但这并不改变以下事实：它们需要被人们有意识地经验到，也就是在心理上被经验到。然而，卢卡奇同志又一次采用了他惯用的逻辑步骤。这次的步骤不再是所谓的'歧义谬误'或'交换律'，而是简单的矛盾律。而且可以肯定的是，这并不是某种辩证的矛盾。卢卡奇同志在其句子的第一部分否认了他在第二部分所承认的东西，这句话的第一部分与第二部分完全相矛盾。在第一部分中，他声称阶级意识既不是单个人的心理意识，也不是许多人的大众心理意识。现在人们可能认为，他发现了令阶级意识得以存在的'第三场所'，也许是在某位神祇或诸神的头脑之中，也许是在'历史夫人'的脑袋里，或其他诸如此类的东西里。不，他在随之而来的这个句子的第二部分中承认了在第一部分中被否认的内容。因为他说：'阶级意识是对阶级历史地位的感觉，使之成为有意识的。'然而，阶级意识只能在人类的头脑（无论是个人心理学的还是大众心理学的）中才能实现，只有在这里，事物才能为人们所意识。卢卡奇这段话的第二部分，即'对阶级历史地位的感觉'，所进一步界定的只是一时的内容。但这是一个全然不同的层面，在某一时刻，某人具有怎样的意识内容，此种内容是否符合现实，本身是另一个问题，与意识存在于个人心理或大众心理的层面这一问题完全没有关系！这个内容可能是真的，也可能是假的，它可能表达了'阶级历史地位'，也可能没有，但容纳这个内容的意识要么是个人心理的，要么是大众心理的！只有一种情况可以例外：如果'对阶级历史地位的感觉'成为'意识'本身，那么这种意识将成为一种独立的、特殊的意识，它与个人的意识不同，并凌驾于个人的意识之上。然后，我们面前就有了一个（隐藏起来的）神！（在哲学上，这个过程可被称为'实体化'。）卢卡奇同志那'被赋予的'意识是一种实体化的意识——这与神圣的意识（divine conciousness）如出一辙。"（*Arbeiterliteratur*，X，S. 678 - 682.）——英译者注

① 参见 *Arbeiterliteratur*，X，S. 679。——原注

② ［匈］卢卡奇：《历史与阶级意识》，杜章智等译，商务印书馆 1992 年版，第 133 页。在这里，卢卡奇说："阶级意识不是个别无产者的心理意识，或他们全体的群体心理意识，而是变成为意识的对阶级历史地位的感觉。"鲁达什的批判围绕这一论述展开，具体的批判内容可参见前文所引的"英译者注"。

不像鲁达什同志所说的，这是因果关联及其"目的"之间的差异——这是他强加于我的观点。而真正的差别出现在以下二者之间：一者是直接被给予的，关于劳动阶级的经验现实（正如列宁同志所说，其中只能产生工团主义的意识）；另一者是一切社会规定所构成的、具体的和发展的总体——是这样的总体导致了直接的现实。如果鲁达什同志能不带偏见地阅读我书中的相关段落，那么他可能很容易就能理解这种差异的含义。分析的重点是暂时的特殊利益和阶级利益之间的关系，这种关系直接源于马克思主义对以下二者的区分：工团主义的斗争和真正的无产阶级解放事业。于任何不带偏见的读者来说，"感觉"（Sinn）这个词在这里没有别的意思，一方面是强调这种区别，另一方面这种区别同时指向活动，即实践的中介形式，也就是真正的阶级意识。被认为存在于此的矛盾仅仅对不以辩证方式思考的思想家成立。对于他们而言，矛盾在于阶级意识的"客观性"（如它的内容，它的真实中介形式并非因被思想而得到确立）和它的"主观性"（如它的内容变得有意识，必须采取意识的形式才能成为现实）之间。当然，如果以康德主义的方式将形式和内容机械地分开，那么它们之间的辩证关系确实是无法理解的。

由于按照这种方式，意识与其内容相分离，而意识的内容也仅仅是一条"渠道"：经由这一渠道，客观的进程以其完全自发性的方式流动于其中。于是鲁达什同志就会发现，我所持的"阶级意识具有决定性（甚至在一定条件下是最具有历史决定性的）因素"这一观点是不可理解的。"但直到目前，没有任何人将无产阶级的阶级斗争视为一场意识的斗争。"① 我不想毫无意义地堆砌引用，所以我只引用季诺维耶夫同志的话："工人阶级的共产主义先锋队为工人阶级反对社会民主主义（工人贵族及小资产阶级同路人）。以共产党为首的工人阶级为了农民与资产阶级斗争。"② 鲁达什同志是否认为这并不是一场关于意识的斗争？如果可能的话，列宁同志和他的学生拒绝对农民采取暴力措施。他们希望让农民相信与无产阶级结成联盟的必要性——这将有助于找出意识在这里是否也只是一个渠道，以及"过程"自发地流向何处的答案。鲁达什同志的错误是可以理解的——如果我们提醒自己，在谈到"对意识的影响"时，他仅仅将其理解为"教育工作"（而且是在社会民主党的意义上）。他在马克思、列宁和我身上都找不到这种观念。每个布尔什维克都清楚地知道，关于意识的斗争包含了党的全部活动：它同阶级敌人的斗争，与为赢取阶级意识而展开的斗争以及为了与半无产阶级层次的联盟得到意识所作出的努力是不可分离的（对于这些层次，就像对于无产阶级一样）。因为在任何时候，群众意识都不是独立于党的政治而发展起来的，它所体现的是阶级意识。

不言而喻，阶级的行动大体上是由这种平均水准决定的。但是由于这个平均水准不是静止的，并且不能由统计数值决定，而是本身就是革命过程的产物，因此同样不言而喻，一个基于现有平均数的组织是注定要阻碍发展，甚至要降低一般水

① *Arbeiterliteratur*，XII，S. 1081. ——原注
② Sinoviev，„Proletariat und Bauernschaft"，*Inprekorr*，1925，V，Nr. 5. ——原注

平的。相反，明确地确立在一定时刻客观上可以达到的最高可能性，由觉悟的先锋队的独立组织所代表，这本身就是以对革命有利的方式消除在这客观的可能性和实际的、处于平均水准的意识状态之间的矛盾。①

从党的行为中，列宁得出的观点认为，群众的情绪（他们在心理层面和大众心理层面的意识）会在决定性的时刻发生动摇，这可以与前文引述的《给同志们的信》（*Brief an die Genossen*）中的例子相比较。

3. 农民作为阶级

当然，这里所说的一切都和无产阶级的意识有关。同时，另有一个要点引起了鲁达什同志高尚的愤慨。在他那崇尚"精确性"和"科学性"的心灵看来，意识（意识的形式须与它的内容相区分）必须在一间心理学实验室当中得到检查。而"内容"的问题显然要留给同样具有"精确性"的"社会学"。然而，对于这种社会学来说——这是自明的——任何阶级的阶级意识都仅仅是阶级意识：一种由经济处境所带来的意识的形态。在黑夜里，所有的牛都是黑色的。② 鲁达什同志"顺便指出"③，我对农民是否可以在严格层面上被称为马克思主义意义上的阶级表示怀疑。这一观察主要参照的

---

① ［匈］卢卡奇：《历史与阶级意识》，杜章智等译，商务印书馆 1992 年版，第 420 页。译文有改动。

② 源自谚语"夜里所有牛都是黑色的"或"夜里所有猫都是灰色的"，指在特定情况下事物的差异性消失。

③ *Arbeiterliteratur*，X，S. 691. ——原注

是《历史与阶级意识》中的一段文本，在那里，鲁达什"忘记了"引用原始文献。而这段文本实际上是我从《路易·波拿巴的雾月十八日》中引用而来的：

> 既然数百万家庭的经济条件使他们的生活方式、利益和教育程度与其他阶级的生活方式、利益和教育程度各不相同并互相敌对，所以他们就形成一个阶级。由于各个小农彼此间只存在有地域的联系，由于他们的利益的同一性并不使他们彼此间形成任何的共同关系，形成任何的全国性的联系，形成任何一种政治组织，所以他们就没有形成一个阶级。[①]

在今天，这一观点仍是共产主义者的观点，在针对农民问题的论述中，布哈林同志完全按照刚才引用的那段话来阐述农民的阶级立场（该文出自上一届共产国际执行委员会扩大会议，发表于《国际新闻通讯》[②]）：

> 在过去，农民是封建统治下的基本阶级，但在资本主义社会，它不是一个在实际意义上存在的阶级。因此，从整体上看，资本主义社会中的农民不构成一个阶级。然而，只要我们面对的是一个其生产关系从封建性质向资本主义性质过渡的社会，那么农民作为整体就经常发现自己处于一种矛盾的地位：相对于封建土地占有者来说，它构成一个阶级，但只要它被资本主义关系控制和取代，它就不再作为一个阶级而出现。

---

① ［匈］卢卡奇：《历史与阶级意识》，杜章智等译，商务印书馆 1992 年版，第 117 页。
② *Inprekorr*，V，Nr. 77. ——原注

    这与马克思的经济分析完全吻合，在他看来，资产阶级和无产
阶级是资产阶级社会中具有典型性的真正的阶级，其扩张倾向将带
来一种趋势，即整个社会都将坍缩为这两个阶级。根据这一概念，
马克思对农民的社会存在加以分析："农民或手工业者分裂为两重
身份。作为生产资料的所有者，他是资本家；作为劳动者，他是他
自己的雇佣工人。"① 通过探讨由此产生的矛盾，马克思指出了存
在于农民的社会存在之中的根本矛盾。无论如何，资本主义社会中
的任何社会存在都必定建立在矛盾之上。如果某人根据单纯的、形
式化的资本主义"社会学"而保有一种处在简单、抽象水平上的矛
盾概念，那么这是非马克思主义的。矛盾并不总是完完全全的矛
盾。只有在资产阶级思想的"黑夜"中，所有的"牛"才都是黑色
的。对于资本主义社会中具有典型性的两个阶级而言，矛盾出现在
令二者得以存在的经济基础之中（由此，为了加以对比，一刻也不
要忘记在我的著作中贯穿始终的无产阶级–资产阶级的差别），这
意味着这一经济基础在矛盾中发展，这意味着它的发展是一种更深
更广的"展开"过程，是经济基础之内在矛盾（危机）的不断扩大
和再生产。然而，这并不意味着这一在矛盾中不断发展的经济基
础被分割成了异质的部分（heterogene Teile）。这意味着资本主义
生产秩序的辩证性矛盾由资产阶级和无产阶级的社会存在（也在
作为社会存在之结果的意识中）所揭示，而不是在两种不同的生
产秩序所具有的矛盾中被揭示——就像在农民的情况中那样。因
此，像农民这样的社会存在，其矛盾并不像资本主义社会本身那

①《马克思恩格斯全集》第 37 卷，人民出版社 2019 年版，第 338 页。

样直接地具有辩证性质。只有通过资本主义社会在总体上的辩证发展，其矛盾才会经由这一中介取得辩证的性质。因此，只有从一种阶级的立场来看，农民的矛盾才可以被把握为辩证的，农民才可以变得富有意识。而这种立场意味着将资本主义社会的总体发展理解为一个辩证的过程，且这种立场本身是由为其奠定基础的社会存在所带来的——换言之，是从无产阶级的立场出发的。资产阶级的立场无法意识到这一总体运动（也就是从前资本主义生产形式向资本主义的必然发展，资本主义生产形式的必然发展，以及从这种总体性的综合向社会主义的必然过渡等）。如果在某些时候，资产阶级也在经济层面和政治层面上采取了一些正确的阶级行动，那么它在这样做的时候所秉持的却是"虚假意识"。马克思在讨论资产阶级实践时就说过："他们没有意识到这一点，但是他们这样做了。"①

那么农民本身又是怎样的呢？就让我们从马克思主义理论的角度来检视一下他们的社会存在。就在前文所引的段落之前，马克思曾说："农民和手工业者既不属于生产劳动者的范畴，又不属于非生产劳动者的范畴，虽然他们是商品生产者。但是，他们的生产不从属于资本主义生产方式。"② 在另一段话中，马克思更具体地解释了这种状况："第一，信用的一般规律并不适用于农民，因为这个规律要以生产者是资本家为前提。"③ 接下来，他继续对农民的状况加以详尽的阐述。我仅仅引用一些最重要的

①《马克思恩格斯全集》第 44 卷，人民出版社 2001 年版，第 91 页。
②《马克思恩格斯全集》第 37 卷，人民出版社 2019 年版，第 338 页。
③《马克思恩格斯全集》第 46 卷，人民出版社 2003 年版，第 916 页。

句子：

> 另一方面，这些现象却又只有在资本主义生产方式的发展
> 还很有限，还没有展开它的全部特性的地方才会发生；因为这
> 些现象正好是以下述事实为基础：农业不属于或尚未属于资本
> 主义生产方式，而是属于一种由已经消亡的社会形式遗留下来
> 的生产方式。因此，在这里，资本主义生产方式的缺点，以及
> 资本主义生产方式下生产者对于自己产品的货币价格的依赖
> 性，和资本主义生产方式发展的不充分所产生的缺点是一回
> 事。农民变成了商人和产业家，但没有具备那些让他能够把自
> 己的产品作为商品来进行生产的条件。①

最后，在谈到小土地所有者时，马克思认为他们"创造出了
一个半处于社会之外的未开化的阶级"②。由此带来的结果是什
么呢？我的立场完全就不像鲁达什同志所说的那样——认为农民
根本不构成一个阶级。当然，与其他阶级相比，其社会存在与其
意识之间的具体关联有着本质上的不同。只要我们不像鲁达什同
志这样的康德主义者一样坚持纯粹的公式，认为在任何情况下，
社会存在（在一般意义上）决定了意识，而是试图理解社会存在
如何决定了具体社会存在的具体特性，那么我们就不会得出鲁
达什同志那样的结论。对于农民，我用"互不相容的矛盾"
（kontradiktorischer Widerspruch）③ 来刻画农民的社会存在与意

---

① 《马克思恩格斯全集》第 46 卷，人民出版社 2003 年版，第 917 页。
② 《马克思恩格斯全集》第 46 卷，人民出版社 2003 年版，第 919 页。
③ ［匈］卢卡奇：《历史与阶级意识》，杜章智等译，商务印书馆 1992 年版，第 118 页。

识之间的关联——这种矛盾不同于资产阶级之阶级利益与阶级意识之间的辩证性的矛盾（dialektischer Widerspruch）。① 我希望我不再需要重复之前说过的关于阶级意识的内容（但为了安全起见，我想再一次指出迄今谈到过的一些观点，如马克思在“一定程度上”将农民视为一个阶级的看法，还有布哈林的看法，以及列宁关于如下问题——无产阶级直接的经济斗争何时也可被称为阶级斗争——的看法）。对于工人阶级而言，其直接性和日常性的阶级利益是以这样一种方式从他们的社会存在中产生的，即凭借正确的意识，他们可以与属于阶级总体的更广泛的利益联系起来。即便如我们所看到的，按照列宁的看法，这并不是自动产生的。而对于资产阶级来说，只有在“虚假意识”的基础上他们才有可能建立起相应的联系（由此，我必须再一次指出这种“虚假”意识所具有的明显的辩证性质）。对于农民而言，从他们自己的阶级立场来看，这种联系是根本不可能的。鲁达什引用了列宁的多处文

① 关于“互不相容的矛盾”与“辩证性的矛盾”，卢卡奇在《历史与阶级意识》中《阶级意识》一文内提出的论述可供参考。关于前者，卢卡奇认为：“对它们的状况的充分意识应该向它们揭示，面对发展的必然性，它们的特殊追求是毫无希望的。因此，对它们来讲，意识和利益是处于一种彼此不相容的关系之中。”关于后者，卢卡奇认为：“在别的阶级那儿，它们在生产过程中的地位，以及由此而产生的利益总是阻止着阶级意识的形成，而在资产阶级那儿，这些因素却促使阶级意识的发展，只是资产阶级的阶级意识——从一开始起和由于它的本质的原因——会遭受悲剧性的灾难，即在它发展的顶峰会陷入和自身的不可解决的矛盾之中，并因而必然要摒弃自身。”（［匈］卢卡奇《历史与阶级意识》，杜章智等译，商务印书馆 1992 年版，第 118 页。）

本来反对我（按他的理解）①，但如若对这些说法加以仔细研究，就会发现它们无一例外地支持着我而非鲁达什。例如，列宁指出了如下事实（就像马克思在前引段落中所说的那样）："农民一半是工人，一半是投机者。"那么这会对农民的实践产生何种影响呢？即便是鲁达什同志本人也承认："非常清楚的一点是，农民在某些方面和资产阶级泾渭分明，但在另一些方面又和工人划清界限。"② 然而，这种摇摆不定是否符合他们的阶级利益呢（在正确的理解之下）？又或者它反映了这样一个事实：就他们的眼前利益而言，农民是现实论者，也是无可救药的经验主义者；然而，就他们的阶级处境而言，仅仅作为经验主义者，他们无法正确看待自己整个阶级的真正问题。这是否说明，他们的阶级意识充其量只是达到了列宁所说的在无产阶级中对应于工团意识（trade-unionistisches

---

① 参见 *Arbeiterliteratur*，X，S. 691。——原注　　鲁达什写道："让我们听听列宁是如何描述农民的处境及其意识的。我们马上就会看到，遵循马克思主义的唯物主义者和哲学上的唯心主义者之间的区别。'就农民的生活习惯、生产条件、生活条件、经济条件来看，农民的地位是这样的：他是半劳动者，半投机者。''农民是一个特殊阶级，作为劳动者，他们是资本主义剥削的敌人，但同时他们又是私有者。农民千百年来受到的熏染就是，粮食是他的，他可以随便出卖。他认为，这是我的权利，因为这是我的劳动，我的血汗。要很快改变他的心理是不可能的，这是一个长期艰巨的斗争过程。''问题是这样摆着的：农民习惯于自由买卖粮食。''农民是半劳动者，半投机者。农民是劳动者，因为他们用血汗挣来粮食，他们受地主、资本家和商人剥削。农民是投机者，因为他们出卖粮食这种必需品。'（《列宁全集》第 36 卷，人民出版社 2017 年版，第 342、348、350 页。）首先，这里承认农民是一个'特殊阶级'。但根据卢卡奇的说法，农民能否在严格的马克思主义意义上被视为一个阶级是存疑的。不过我只是顺便提醒这一点。其次，如果指的不是农民的阶级意识，那么此处列宁所说的'特定的阶级心理'（'迅速改变他的心理是不可能的'）指的是什么。"——英译者注

② *Arbeiterliteratur*，X，S. 632. ——原注

Bewußtsein)的水平（与无产阶级的阶级意识相对照）。而我所主张的正是这样：农民的意识水平不可能与无产阶级的阶级意识水平相一致。鉴于他们的阶级地位，他们客观上没有能力按照他们的阶级利益来领导和组织整个社会。其社会存在之中的矛盾（一半是工人，一半是投机者）也体现在了他们的意识之中："由于拥有土地的农民仅具有局部的地域毗连性，因而农民之间的利益统一性不足以在他们之间造就社群。没有民族联系，也没有政治组织。他们并没有形成一个阶级。"这让人想起恩格斯对农民战争之战略的表述——提起这一点是为了反驳鲁达什的另一条反对意见（我们此时正处于这条反对意见的攻击之下）。我说："正是在暴力问题，正是在阶级与阶级之间赤裸裸的生死斗争的情况下，阶级意识的问题才表现为最终起决定性作用的因素。"① 而鲁达什同志认为这与军事理论家恩格斯同志的观点相矛盾。② 他应该认真阅读《德国农民战争》中恩格斯对军事决策的论述（只有这一点和讨论相关）：

> 特鲁赫泽斯的奸诈使他从已成定局的覆灭中挣脱出来。假如他不善于愚弄软弱、狭隘而绝大部分都已经士气低落的农民，以及多半懦弱无能而又贪图贿赂的农民首领，他同他那支小小的队伍早就遭到至少由 25000—30000 人组成的四个纵队兵力的包围，而且无疑已经被消灭了。但是，他的敌人目光短浅，而这一点在农民群众身上一直是难以避免的，因此，特鲁赫泽斯就有可能恰恰是在敌人只需一击即可结束整个战争——

---

① ［匈］卢卡奇：《历史与阶级意识》，杜章智等译，商务印书馆 1992 年版，第 107 页。
② 参见 *Arbeiterliteratur*，X，S. 1070 – 1071。——原注

至少在士瓦本和法兰克尼亚——的时刻从敌人手中逃脱。①

用最近的例子来说，人们也许会想起斯坦博利斯基领导下的运动。② 这个例子之所以有趣主要有两个原因：一方面，在这个例子中，农民很显然没有能力领导整场运动；而另一方面，正是共产党所犯的错误说明了农民如何可以，且必须由无产阶级指明他们自己的道路。

人们不会说无产阶级从来不会犯错，我也承认这一点。然而，无产阶级在客观上能够通过自己的力量得到进一步发展，达到真正的阶级意识，而不再仅仅是工团层面的意识，而农民阶级必须被领导。不言而喻，这种领导不是强行进行的，因此，在社会存在的转变和农民的意识之间发生了持续的互动。然而，在总体发展中，其中的辩证矛盾是在无产阶级（或党）中变为有意识的。无产阶级是农民取得进一步发展的中介，此种进一步的发展既与社会存在的发展相符合，也与农民的意识之发展相符合，同时也不会被农民的意识局限。下文所引的论述非常符合农民阶级的状况："群众就会受完全不同的力量驱使，去追求完全不同的目的。那样，理论对群众的运动说来就只意味着一种纯粹偶然的内容，一种使群众能够意识到他们的社会必然的或偶然的行动、而不保证这种意识的产生与行动本身有真正和必然联系的形式。"③ 鲁达什同志认为他从这些话

---

① 《马克思恩格斯全集》第 10 卷，人民出版社 1998 年版，第 538 页。
② 卢卡奇指的是保加利亚农民运动领袖亚历山大·斯坦博利斯基（Aleksandar Stamboliyski）。他是保加利亚 1919—1923 年间的首相，试图建立"农民专政"。在 1923 年 6 月，斯坦博利斯基被杀害。——英译者注
③ ［匈］卢卡奇：《历史与阶级意识》，杜章智等译，商务印书馆 1992 年版，第 48 页。

中看出了我的唯心主义以及其他一些东西。① 他因此忘记了，对辩证法而言，"偶然性"从来不意味着某种在因果关系中没有必要性的东西。相反，偶然性是某种特定的因果规定所产生的表象。如果鲁达什对黑格尔不熟悉，那么或许从恩格斯那里，他可以了解到，按照恩格斯的看法，偶然性"只是相互依存性的一极，它的另一极叫做必然性"②（还可参见马克思于 1871 年 4 月 17 日致库格

---

① 参见 *Arbeiterliteratur*，IX，S. 505 - 506。——原注   鲁达什引用了卢卡奇的话，"只当意识同现实有了这样一种关系时，才可能做到理论和实践的统一。只有当意识的产生成为历史过程为达到自己的目的（这个目的来自人的意志，但不取决于人的任意妄为，也不是人的精神发明的）所必须采取的决定性步骤时，只有当理论的历史作用在于使这步骤成为实际可能；只有当出现一个阶级要维护自己的权利就必须正确认识社会这样的历史局面时；只有当这个阶级认识自身就意味着认识整个社会时；只有因此这个阶级既是认识的主体，又是认识的客体，而且按这种方式，理论直接而充分地影响到社会的变革过程时，理论的革命作用的前提条件——理论和实践的统一——才能成为可能。"（［匈］卢卡奇：《历史与阶级意识》，杜章智等译，商务印书馆 1992 年版，第 49 页。）鲁达什随后说道："请原谅我引述了这么长的文段。在这些话中，卢卡奇相当公开地揭示了自己唯心主义者的身份。'理论'在卢卡奇那里的地位就相当于'观念'在旧唯心主义者那里的地位。首先，他关于历史进程所作出的全部论述，其出发点始终是理论而非实践。对他而言，理论的实践本质必须从理论而非实践中提取（我顺便提一下：如果理论的实践本质必须从理论中提取，而不是通过理论来发展，那么这就会产生矛盾）。起决定作用的是理论对客体的关系，而不是相反的关系。（我们将看到卢卡奇同志完全否定了实践。按照所有真正的唯心主义者所采用的方法，卢卡奇只是把实践融入理论，甚至融入思想之中。）理论是群众背后的动力，与其他因素'没有必然的联系'。如果说群众会'受到与理论完全不同的力量的控制'并'朝着与理论不同的目标行动'，那也就是说，驱动他们的社会规律仅仅是'必然的或偶然的'，那么理论就不是以'真正必然的'方式与群众联系在一起的。其次，意识是历史进程走向其适当目的的决定性步骤，理论的历史功能在于使历史朝着其正确目的迈出的一步成为一种实践的可能性。"——英译者注
②《马克思恩格斯全集》第 28 卷，人民出版社 2018 年版，第 203 页。

曼博士的信①）。与农民的社会存在相适应的意识是由无产阶级建立的，是由无产阶级向农民传递的，是由无产阶级在他们身上激活的，农民必须由无产阶级领导，否则他们自己只能自发地、偶然地行动。但这并不意味着农民没有从其社会存在中必然产生的意识。只是在只有无产阶级才能拥有阶级意识的意义上，这不是阶级意识。因此，共产党与农民的发展发生关联的时刻不一定是最有利于经济发展的时刻。恰恰相反，年轻的共产党（例如，专政时期的匈牙利党）常常会犯的教条主义错误恰恰在于，他们将现代管理下大规模的工业化农业所具有的客观经济优势作为其出发点。而他们忽略了一个事实：只有经过长期的革命教育，才能使农民知晓大规模的组织具有何种经济上的增益（对农民来说！）。② 同时，我们教条地忽视了农民意识发展的具体形式和具体的中介形式。列宁同志敏锐地反复提请我们注意这一点："直到现在，农民对大农场还怀有成见。农民想：'如果有了大农场，那我又要当雇工了。' **这种**

---

① 在致库格曼博士的信中，马克思说："如果'偶然性'不起任何作用的话，那末世界历史就会带有非常神秘的性质。这些偶然性本身自然纳入总的发展过程中，并且为其他偶然性所补偿。"（《马克思恩格斯全集》第 33 卷，人民出版社 1973 年版，第 210 页。）

② 在匈牙利苏维埃共和国执政期间（即卢卡奇所说的"专政时期"），苏维埃政权最重要的法令之一即是 1919 年 4 月 3 日通过的土地国有化法令。根据这一法令，面积超过 100 霍尔德的土地一律没收充公。但从大地主处没收的土地没有被分配给农民，而是交给农业合作社。而由于没有直接从苏维埃政权手中分得土地，广大农民深感失望。这一法令一度引起列宁的批评："匈牙利有很多大地产……在这些大地产中，一定会找出而且应该找出一部分土地来分给小农……否则，小农就看不出苏维埃专政同从前的政府有什么区别。"（《列宁全集》第 31 卷，人民出版社 1958 年版，第 218 页。）同时，在后续协约国对苏维埃共和国的进攻，以及资产阶级对苏维埃共和国的颠覆中，许多小农站在了与苏维埃政权对立的一方，这也被广泛认为是土地政策带来的后果。

想法当然是错误的。但农民一想到大农场就咬牙切齿，就想起地主压迫人民的情景。这种感情还存在，还没有消失。"[1] 然而，如果这种"完全正确"的策略[2]被用在无产阶级那里，那就无异于向存在于广大工人群体中的工团主义倾向让步，就会鼓励其意识水平的下降，列宁有很好的理由认为这是机会主义的基本特征。在方法论意义上，认识到这种差异意味着：认识到无产阶级之社会存在与意识的关系相较于农民之社会存在与意识的关系存在结构上的差别。而我们的理论要以一种具体且辩证的方式来处理不同阶级所具有的不同形式的意识，要秉持一种历史的辩证性，而不是采用一种形式化的社会学方法或形式化的心理学方法。

我希望，说了这么多，我已经解释清楚了我对"赋予"一词的使用。我不会赘述一些复杂的细节，也不会深入鲁达什尾巴主义的附属内容。他很清楚，我已经和我自己的过去完全决裂，不仅在社会关系上完全决裂，更在哲学思想上完全决裂。在我看来，我在加入共产党之前所写的著作在各个方面都是错误的（当然，我并不是说我在 1918 年后写的所有东西都是对的，我在《历史与阶级意识》中选择的文章也是对早先著作的批判）。鲁达什也十分清楚，我从来不相信存在一般意义上的人类意识，他也明了我对马克思·阿德勒的批判[3]等。如果知道了种种这些，他依然坚持对我的敌对立

---

[1]《列宁全集》第 36 卷，人民出版社 2017 年版，第 190 页。

[2] 即前文所说的，向农民的"意识"妥协这一策略。对农民可以"妥协"，但不能对无产阶级中存在不完善之处的自发意识妥协。这是因为无产阶级可以达到真正的阶级意识，妥协会造成其意识水平的下降，而农民本就无此可能。

[3] 参见 *Wjestrak der Sozialistischen Akademie*，1923，Pamphlet 3；*Inprekorr*，IV，Nr. 148。——原注

场，那么这就只能是因为他在这场论战中真实的关注点之所在：他想通过尾巴主义来掩盖布尔什维克主义关于党的概念。这就是为什么他在对我发起长篇大论的批评时几乎触及了一切可能触及的东西——除了那些《历史与阶级意识》中真正关键性的论文（如《关于组织问题的方法论》一文）。

三　自然中的辩证法

在前面的讨论中，我们一次又一次地遇到了中介的问题。我们能够看到，鲁达什同志是如何无可奈何地混淆了所有的问题，又是如何不断被推向机会主义的结论。因为他误解了辩证法中具有决定性的要素（das entscheidende Moment der dialektischen Methode）。我再重复一遍，我非常同意他的观点，即他的误解并不是纯粹逻辑层面的误解。对中介（正是经由真实的中介形式，社会的直接表象形式得以产生）的认识，需要预设一种面对社会现实、具有实践批判性和辩证批判性的立场：这正是革命无产阶级的实践-批判性立场。对资产阶级而言，即便是最能代表其科学性的人也停留在社会形式的直接性上，因而无法依据社会的总体性和生成性（Werden）来认知社会。也就是说，无法同时用理论上和历史上的辩证法来认识社会。工人运动中的机会主义潮流本能地感到他们要对辩证法加以攻击：只有摆脱辩证法，他们才有可能忘记超越了资产阶级社会之直接性的历史唯物主义，并在资产阶级面前完成他们在意识形态上的投降。克服直接性这一哲学问题与前述问题的许多方面是相呼应的，在那里我们引用了列宁来说明工团意识和阶级意识之间的区别。因为从资产阶级（尚未被克服的）直接性的角度来看，与资产阶级之阶级立场相对应的结论是自发产生的。资本主义发展的直接状态未被克服，且被不加批判地接受了，因此，符合资产阶级阶级形势的推论也只能在这一没有被扬弃的直接性的视角下，以逻辑的方式（当然，主要是以形式逻辑的方式）被推导出来。

当然，就像在任何地方一样，在中介问题上也不存在固定的学科边界，存在着一大批与中介相关的术语，从历史唯物主义的领域，到最表面的、直接流通领域的各种表达（如边际效用理论）。而真正的中介形式已经客观地存在于特定的发展阶段之中，或以可被辨别的方式存在。而这也是一个辩证的——即是说，具体的、历史的问题。然而，如果将中介形式的图景排除在外，那么就必然会导致人们将能够获取知识的、一以贯之的唯物主义方法贬低为唯心主义、不可知论和主观主义等。这就是为什么恩格斯（以及在他之后的普列汉诺夫）明确强调，直接接受历史表象的旧唯物主义无法贯彻其宗旨并沦为唯心主义："旧唯物主义在历史领域内自己背叛了自己，因为它认为在历史领域中起作用的精神的动力是最终原因，而不去研究隐藏在这些动力后面的是什么，这些动力的动力是什么。不彻底的地方并不在于承认精神的动力，而在于不从这些动力进一步追溯到它的动因。"①

在反对我的"唯心主义"的时候，鲁达什同志正是陷入了这种唯心主义。他介绍了马克思关于历史科学——这一统一的科学（einheitliche Wissenschaft）——所作出的美妙而深刻的论述，我

①《马克思恩格斯全集》第28卷，人民出版社2018年版，第357页。

对这些论述的每一个字都十分认同。但随后他突然说："如果至今为止，自然科学家都是在以一种非历史的方式探究自然科学，那么在今天，情况已经变得很不一样。他们也逐渐意识到，他们的科学在向他们鼓吹辩证法。但无论如何，自然界和自然科学家是十分不同的。"① 我将在后面再次回到上文的最后一句话，因为这句话对于我和他之间的分歧至关重要。但我想首先指出以下观点：鲁达什同志假定自然科学以内在（immanent）于自身的方式发展，而正是科学的发展把辩证法"鼓吹"到自然科学家之中。无疑，这种情况会以直接的方式发生。唯心主义辩证法在德国的解体，就像李嘉图学派在英国和法国的解体一样，是以这种方式——直接地——发生的。对问题的发展和解决方案的发展加以区分是非常重要的。例如，马克思在《剩余价值理论》的第三卷中就做得很好，但他没有满足于此。相反，他每次都会指出社会转型所真王经历的历史进程，这使得李嘉图的内在问题暴露出来，就好像危机使这一学派的问题暴露出来一样。如果人们按照一种纯粹内在于哲学或内在于经济的方式来思考发展，那么就必然陷入一种唯心主义的视角。只有在非常罕见的情况下，辩证法才会被物质性生产力的转型直接"鼓动"，且这种鼓动是以人们试图解决的科学矛盾、科学问题的形式出现的。然而，只有主张唯物辩证法的学者才有能力辨别出"动力的动力"（Triebkräfte der Triebkräfte），回到那些令矛盾、问题、错误乃至正确的萌芽得以出现的物质源头。因为他们从社会经济结

---

① *Arbeiterliteratur*，XII，S. 1071. —— 原注

构的转变，从相关思想家的阶级立场出发，得出上述种种事物产生的必然依据，因为他们揭示了思想家自身作为社会发展之产物而陷入的那种幼稚的直接性，并因而克服了这种直接性。马克思说："这些生产关系的总和构成社会的经济结构，即有法律的和政治的上层建筑竖立其上并有一定的社会意识形式与之相适应的现实基础。物质生活的生产方式制约着整个社会生活、政治生活和精神生活的过程。不是人们的意识决定人们的存在，相反，是**人们的社会存在**决定人们的意识。"[1]

而人们用以表达自身与自然之关系的思想形式（gedankliche Formen）是否是一个例外呢？换句话说：人和自然之间的关系是直接性的，还是说，人与自然之间的物质交换是由社会所中介的？这是我与德波林同志和鲁达什的核心分歧所在。在接下来的文章中，我将简要阐述我与他们在方法论层面上的本质分歧。不言而喻，我不会站在他们那边，认为自己持有了那些他们觉得我抱持着的观点。我从未持有这些观点，而且尖锐地反对它们。

现在，我回到上文中引自鲁达什的文段："但无论如何，自然界和自然科学家是十分不同的。"这很有道理。然而，如果能烦请他仔细阅读以下我的书中那些被他攻击的部分[2]，他就会发现，我

---

① 《马克思恩格斯全集》第 31 卷，人民出版社 1998 年版，第 412 页。

② 参见 ［匈］卢卡奇《历史与阶级意识》，杜章智等译，商务印书馆 1992 年版，第 51 页。

所谈论的（我两次提到！）仅仅是关于自然的知识，而不是自然本身。①

1. 与自然的物质交换

如果我们希望以马克思主义的方式提出这个问题，那么我们可以从如下问题开始——我们关于自然的知识所具有的物质基础是怎样形成的。在他对费尔巴哈哲学的批判性呈现中，马克思很清楚地阐释了自然知识具有物质基础这个要点：

> 他没有看到，他周围的感性世界决不是某种开天辟地以来就已存在的、始终如一的东西，而是工业和社会状况的产物，是历史的产物，是世世代代活动的结果，其中每一代都在前一代所达到的基础上继续发展前一代的工业和交往方式，并随着需要的改变而改变它的社会制度。费尔巴哈的"感性世界"概念一方面受限于其仅仅以沉思的态度面对它；另一方面，他止步于对抽象人的感知，从没有到达现实存在的、活动的人，更没有认识到真正的、作为个体的、有血有肉的人。除了爱和友谊之外，他对人与人之间的关系一无所知，**他完全忽视了存在**

① 在注释中，卢卡奇认为要把辩证法限制在社会-历史领域，他说："这里把这种方法限制在历史和社会领域，极为重要。恩格斯对辩证法的表述之所以造成误解，主要是因为他错误地跟着黑格尔把这种方法也扩大到对自然界的认识上。然而辩证法的决定性因素，即主体和客体的相互作用、理论和实践的统一、在作为范畴基础的现实中的历史变化是思想的变化的根本原因等等，并不存在于我们对自然界的认识中。可惜在这里不可能对这些问题进行详细的分析。"（［匈］卢卡奇：《历史与阶级意识》，杜章智等译，商务印书馆 1992 年版，第 51 页注释 2。）在前引文段中，鲁达什所说的是"自然界"，而卢卡奇谈论的重点（也是在他看来辩证法所无法应用的对象）是"关于自然的知识"而非鲁达什所谈及的自然界。

于工业之中的，人和自然结成的统一。①

因此，我们需要研究人类的生产性活动。

这种与自然界的物质交换活动，起初是作为"人类生活得以实现的永恒的自然必然性"而出现的。马克思说："劳动过程，就我们在上面把它描述为它的简单的抽象的要素来说，是制造使用价值的有目的的活动，是为了人类的需要而占有自然物，是人和自然之间的物质变换的一般条件，是人类生活的永恒的自然条件，因此，它不以人类生活的任何形式为转移，倒不如说，它是人类生活的一切社会形式所共有的。"② 但如果要正确、具体并辩证（而非抽象和形式）地理解这一概念，就必须补充以下内容。首先，马克思在这里说的是劳动过程的简单抽象形式，所以他认为"我们不必来考察劳动者与劳动者之间的关系"③。此外，他还把劳动从劳动过程所在的一切社会因素中抽象出来，以便清楚地找出所有劳动过程所共有的因素。正如马克思在其他论述生产一般的文本中所说的那样，这是一个合理的抽象，因为"它真正把共同点提出来，定下来，免得我们重复"④。同时，他告诫道，"对生产一般适用的种种规定所以要抽出来，也正是为了不致因为有了统一（主体是人，客体是自然，这总是一样的，这里已经出现了统一）而忘记本质的

---

① 卢卡奇没有引用《德意志意识形态》的原文，这段文本是他从古斯塔夫·迈耶尔（Gustav Mayer）的《弗里德里希·恩格斯》（*Friedrich Engels*）一书的第62—64页中转引的。——英译者注

② 《马克思恩格斯全集》第43卷，人民出版社2016年版，第186页。

③ 《马克思恩格斯全集》第43卷，人民出版社2016年版，第186页。

④ 《马克思恩格斯全集》第30卷，人民出版社1995年版，第26页。

差别"；而且他也指出："那些证明现存社会关系永存与和谐的现代经济学家的全部智慧，就在于忘记这种差别"。[①] 例如，就在稍早于前引文本的地方，马克思明确指出这里给出的定义对资本主义生产过程来说是远远不够的。在这里，人性是主体，而自然是客体；然而在马克思所做的更具体的观察中，就连把社会当作一个单一的主体（这已经比人性的统一性更加具体）都是对它作了不正确的考察，因为这是一种思辨性的方法。[②] 在上述鲁达什同志的引文中，他更加强烈地否认了任何社会性的变化。对他来说，"人的意识"就"**像动物的本能一样**是自然的产物"。当然，如果鲁达什同志想把每头驴子当作兄弟一样紧紧抱在怀里，那么我也不能从主观上加以反对。如果他只是说人的意识和自然的产物一样，那么我也不能从客观上加以反对。人的意识的确是自然的产物，尽管是一种非常特殊的自然产物。前引文本论述了劳动的最简单形式，在相关考量中，马克思表明，此处令意识得以产生的物质基础和动物的有着本质上的不同。也就是说——说得温和一点——鲁达什同志所说的"像动物一样"是非马克思主义的，因为在观察"劳动"过程的最简单抽象的形式时，人们已经预设了这样一个前提："劳动资料的使用和创造……是人类劳动独有的特征"[③]。最与众不同的特征即在于以下这个"骇人听闻"的关于意识的事实：劳动过程的结果在劳动过程之前就已经存在于劳动者的头脑中了。

劳动过程被更进一步地定义为"生产使用价值的活动"。而且

---

① 《马克思恩格斯全集》第 30 卷，人民出版社 1995 年版，第 26 页。
② 参见《马克思恩格斯全集》第 30 卷，人民出版社 1995 年版，第 35 页。
③ 《马克思恩格斯全集》第 43 卷，人民出版社 2016 年版，第 182 页。

实际上，马克思将使用价值理解为"物（Ding）和人之间的自然关系"，"物为人而存在"（das Dasein der Dinge für den Menschen）；而交换价值则是随后出现的，是"物的社会存在"（das gesellschaftliche Dasein des Dinges）。① 现在，一些马克思主义者认为没必要详尽地解释使用价值和交换价值如何以辩证的方式相互作用。但恰恰是在这样的相互作用关系中，真正的人与自然之间的中介形式甚至显得更为多样和具有决定性。在消费的过程中，事物的纯粹使用价值得到验证，被生产的各种形式以极其多样的方式被中介和决定。按马克思的话来说："饥饿总是饥饿，但是用刀叉吃熟肉来解除的饥饿不同于用手、指甲和牙齿啃生肉来解除的饥饿。因此，不仅消费的对象，而且消费的方式，不仅在客体方面，而且在主体方面，都是生产所生产的。所以，生产创造消费者……一旦消费脱离了它最初的自然粗野状态和直接状态——如果消费停留在这种状态，那也是生产停滞在自然粗野状态的结果——消费本身作为动力就靠对象来作中介。"② 总的发展趋势是，社会因素越来越占据主导地位。"在土地所有制处于支配地位的一切社会形式中，自然联系还占优势。在资本处于支配地位的社会形式中，社会、历史所创造的因素占优势。"③

现在，让我们看一看马克思如何理解人类和自然的关系。人们在客观层面上的存在形式决定了人们对自然的意识，也就是人们关于自然的知识。我将引用一些文段：

---

① 参见《马克思恩格斯全集》第 35 卷，人民出版社 2013 年版，第 277 页。
②《马克思恩格斯全集》第 30 卷，人民出版社 1995 年版，第 33 页。
③《马克思恩格斯全集》第 30 卷，人民出版社 1995 年版，第 49 页。

为了进行生产，人们相互之间便发生一定的联系和关系；只有在这些社会联系和社会关系的范围内，才会有他们对自然界的影响，才会有生产。①

一切生产都是个人在一定社会形式中并借这种社会形式而进行的对自然的占有。②

从物质生产的一定形式产生：第一，一定的社会结构；第二，**人对自然的一定关系**。③

最初的动物状态一终止，对自然界的所有权，就已经总是以他作为共同体、家庭、部落等等的成员的存在为中介，以他与其他人的关系（这种关系制约着他和自然界的关系）为中介。④

我相信所有这些文本都把问题说得非常清楚了。它们所说的并没有超出历史唯物主义的基本信条：并不是人们的意识决定了人们的存在，而是他们的社会存在决定了他们的意识。

我们对自然的意识，换句话说，也就是我们对自然的认识是被我们的社会存在决定的。这不多也不少，就是我在针对该问题所作的一些观察中所说的。让我们更仔细地看看从我所作的所有结论中，我的批评者是否可以得出他们的观点，又或者情况恰恰相反。鲁达什同志将他的反对意见总结为三点：（1）我的观点中出现了二

---

① 《马克思恩格斯选集》第 1 卷，人民出版社 2012 年版，第 340 页。
② 《马克思恩格斯全集》第 30 卷，人民出版社 1995 年版，第 28 页。
③ 《马克思恩格斯全集》第 33 卷，人民出版社 2004 年版，第 346 页。
④ 《马克思恩格斯全集》第 36 卷，人民出版社 2015 年版，第 256 页。

元论（自然：非辩证的；社会：辩证性的）①；（2）辩证法是人类的产物②；（3）辩证法不是"客观的、独立于人的法则，而是人类的主观法则"③。

在我看来，鲁达什同志在此展开的概念包含了一种非常危险的主观主义（这和鲁达什同志隐秘的、未被克服的康德主义有关）。很显然，他似乎在任何情况下都认为——就像在前引文本中德波林同志所说的那样——如下等式是成立的：主体＝人（社会）；客体＝自然。从这里可以得出，一切"人"的产物（如社会-历史进程的发展）都落在了主体那一侧，而要获得真正的客观性，必须不仅

---

① 参见 *Arbeiterliteratur*，IX，S. 502。——原注　　鲁达什写道："如果辩证法仅对社会适用，那么就存在两个世界，而且这两个世界由两套不同的法则支配：自然和社会。自然现象是非辩证的，社会现象则是辩证的。好吧。所有的伟大哲学家都是一元论者，但这并不意味着他们就是对的。按照卢卡奇的观点，这个世界就是二元的。"——英译者注

② 参见 *Arbeiterliteratur*，IX，S. 502 - 503。——原注

③ *Arbeiterliteratur*，IX，S. 504.　——原注　　鲁达什写道："卢卡奇明确表示，辩证法是随着人类而到来的［……］他列举了下列关于辩证法的"关键性的决定因素"（crucial determinant）。（1）主体和客体的相互作用（他甚至指责恩格斯忽视了这种互动）。（2）理论与实践的统一。（3）范畴背后的、现实的历史变化是思想变化的根本原因（这个哲学大盗的拉丁文是什么意思对我们来说完全不重要，因为只要解读出'思想变化是我们所讨论的问题'就够了。只有人类可以思考——这对我们的目的来说已经完全足够了）。（4）'等'。这个'等'字很不合适，因为也许就是在这里，我们可以找到一些不依赖于人类的辩证法的'关键'特征。前三项的特征显然只与人类有关。只有人类有实践和理论，只有人类可以谈论主体和客体，思想只对人类存在。但我不知道为什么，卢卡奇同志坚持认为，恰恰是这三个特征构成了'辩证法的关键性的决定因素'——为什么不是概念的'流动性'、否定之否定、量变到质变等。我甚至不敢表达我的揣测，这对我们的目的并无必要。基于我们已经引用的内容，我们只需注意到以下这一点：如果辩证法只在社会层面有效，那么它就与人有着最密切的关系，而卢卡奇同志明确承认这一点。"（*Arbeiterliteratur*，IX，S. 502 - 504.）——英译者注

以独立于人的方式存在（即独立于认识主体——以上是正确的、马克思主义的理解），更独立于社会发展的历史进程。我将很快回答，在我的概念中辩证法在何种程度上是人类的产物。但目前，我必须清楚地注意到，鲁达什（显然还有在这件事上与他意见一致的德波林）以一种僵化的非辩证方式设想了主体和客体的对立。对他们来说——正如对康德和所有康德主义者一样——主体是一方面，客体是一方面，只有与主体没有任何接触的东西才是客观的。相较于康德主义的观念，这一观点仅仅在表述上和新康德主义有所不同。在康德主义者如李凯尔特那里，主体是永远不可能成为客体的东西（可参见《认识的对象》①）。鲁达什的概念不仅因其非辩证的基础而与康德主义接近，而且其出发点也与康德主义类似，在认识论上是有问题的。在现实的历史过程中，主观因素和客观因素在发展之中不断地互动，但鲁达什同志不在这种互动中探索客观性问题，因而也就无法在其活生生的互动中对客观性问题予以分析。相反，他从一开始就试图从"客观性"中清理出"所有的主观因素"。无论是鲁达什还是德波林，他们都没有将自己的逻辑一以贯之地坚持下去。因为他们不得不将所有社会的表象形式放在主观性一侧，并否认客观性的标准——客体以独立于主体之认识和体验的方式存在——存在于社会之中。当然，他们规避与马克思主义基础原理相悖的结论。但无论是谁，只要仔细思考过这里的引文，就必定会得到如下结论：所有"人类的作为"都是"主观"的。既然我们知道

---

① Heinrich Rickert，*Der Gegenstand der Erkenntnis*，3. Auflage，Tübingen，1915，S. 44ff. ——原注

人类创造自己的历史，那么历史就必然是一个主观主义的领域。

这显然是不正确的。先假定我的确认为辩证法是历史发展的产物（我很快将说明我的观点恰恰相反）。但即便在这种情况下，辩证法也不是"主观主义"的事物。地租、资本、利润等都是历史发展的产物，但谁会说它们是主观事物？只有抓住了对资产阶级社会的直接感知而又想超越它的人，才能认识到社会条件中的"主观"因素，但又不能同时认识到主观性和客观性在其中的辩证相互作用，没有能力把握此种客观性所属的类型和其所依赖的基础（参见马克思对李嘉图学派中的激进分子的批判，他们开始看穿商品拜物教，但从中看到的是纯粹主观的东西）。鲁达什同志——当他作出"认识论的"观察时，他不得不得出上述结论（即所有"人类的作为"都是"主观"的）。而出于一种我们可以理解的恐惧，他在历史分析中陷入了一种机械性的、（与主观性）截然相反的极端：正如我们所展示的，他将社会发展视为一个清除了"任何主观成分"的过程。他对客观现实抱有一种机械论和康德主义的概念。

因此，如果辩证法是人类经济和历史发展的产物，那么它就不是什么主观的东西（鲁达什同志似乎将客观性理解为社会规定的反义词。因此，他谈到了"客观的生产过程"与其"资本主义外壳"所形成的对照，后者显然代表了鲁达什口中的主观事物）。① 显然，

---

① 参见 *Arbeiterliteratur*，IX，S. 515 - 516。——原注　　鲁达什写道：然而："卢卡奇并未自觉到自己的意图已经包含在他谴责资本家的话语中，即'资本家的活动'花费在了准确地观察并计算社会法则所产生的客观效力上。很有可能，在共产主义社会中，社会法则将不再是无法被破解的秘密，不再是'盲目的自然规律'。然而，恩格斯所说的客观的劳动过程与'在资本主义社会中，资（转下页）

按照我的概念，它并不是这样的东西。而鲁达什提出的质疑①也很容易得到解答。很显然，社会源自自然，且自然规律先于社会（也就是说先于人类而存在）。同样显然的是，如果辩证法不是已经客观地存在，不是在先于社会的自然的发展中已经作为原则而发挥作用，那么辩证法也不可能成为社会发展的客观原则。然而，经由以上论证，既不能得出"社会发展不可能产生新的、同样具有客观性的运动形式和辩证要素"②，也不能得出"自然发展中的辩证因素可以在不经由新的、社会的辩证形式之中介的情况下得到把握"。这是因为我们显然只能谈论那些我们已经知晓或正在把握的辩证因素。而在辩证性的概念之下，认识是一个过程，这不仅意味着我们

（接上页）本家将自己的活动限定在观察社会法则'这一事实有什么关系呢？无产阶级同样也观察这些社会法则，只是它的计算方法更好，因为它的观点没有被资本家的观点扭曲。然而，上述情形和以下事实是没有关系的：资本家在并不清楚自己在做什么的情况下就进入了生产之中（在今天，这种情况很少发生。如果真的发生，那一般是因为直接参与生产的是工程师），他必须努力地按照客观正确的方式来塑造生产过程。没有哪个资本家会愚蠢到在以制造靴油为目的的生产中允许人们使用完全不适合这一目的的生产方法。在这里，恩格斯所讨论的始终是作为客观生产过程的工业，是人与自然之间的物质交换，而不是它的资本主义外壳。"——英译者注

① 参见 *Arbeiterliteratur*，IX，S. 502。——原注　　鲁达什向卢卡奇提出了以下问题："并不存在于自然之中的辩证法是如何出现在社会之中的？显然，它一定是随着社会的产生而产生的。（只有当以下这种情况发生时，上述论点才会站不住脚：社会是永恒存在的，或者社会在自然出现之前就已存在。然而，这种情况会带来另一个问题：如果自然晚于社会，那么为什么存在于社会之中的辩证法却不存在于自然之中？）"——英译者注

② 卢卡奇的论证是，作为社会发展的客观原则，辩证法的确应当先于社会而存在，因而不能被理解为社会的产物。但一方面，社会发展的产物也具有客观性（只不过此种产物不能被视为支配社会发展的原则）；另一方面，认识总是需要经由社会的中介，人们的认识程度受到社会发展水平的限制，因而可以认为，辩证法只有经过社会的中介才可以被认知。

有可能在历史进程中认识新的内容和新的客体（而这些都是我们迄今所不知道的），还意味着我们只能通过新近可知的原则来把握那些新出现的内容。我们知道，在这个特定的时刻，我们所知道的仅仅是无限的客观现实的一部分（而且关于这一部分的知识实际上也只是部分的正确）。然而，如果辩证地理解获得知识的进程，将其理解为一个过程，那么我们也必须同时将这一过程理解为客观的社会发展进程的一部分。也就是说，我们必须理解我们的知识怎样（Was）、如何（Wie）以及在何种程度上（Wieweit）被社会发展的客观进程所具有的发展阶段规定。当我们把握知识的辩证性特征时，我们会自动地将其理解为一个历史的过程。作为历史的过程，认识仅仅构成历史进程的一部分内容，社会存在不间断地发展，而在这一发展的历史进程中，那些被意识到的部分就构成了知识。而在人与自然间的不间断互动（社会与自然之间的物质交换）中，此种过程（即作为历史过程的认识）也以类似的方式发生。

即便在最原始的水平上，如果不具有一定程度的针对自然过程且具有客观正确性的认识（自然过程先于人类存在，并且独立于人类发挥作用），那么与自然的物质交换也是不可能实现的。在最原始的黑人村庄中，如果其村民不能在一定程度上观察并预测对他们来说至关重要的自然现象（就其客观性而言，这些现象的发生独立于人），那么这样的村庄连一天都存在不下去。当然，这些观察仅限于很少一部分的自然现象，而且就这些黑人村庄的"理论"而言，人们通过这种"理论"解读种种"表象"所具有的意义，然而此种被解读出来的意义在很大程度上是幼稚的和错误的，甚至是一种有意的欺骗。但在这里，考虑到客观现实之存在的要求，人们也同时需要尽可能在客观层面上正确地理解它们。而此种知识的类型和发展程度取决于社会的经济结构；这是因为，社会与自然间的物质交换的类型及其发展程度——也就是知识的物质基础——取决于社会经济结构的发展阶段。

马克思无数次明确地强调，人类的知识总是受到其来源、其所面临的问题以及其所必须解决的问题（这种问题往往源于社会面临的衰退的威胁）的规定。即是说，它是由社会的经济生活条件所规定的，在此基础上特定的知识方才得以产生。我将仅举一个例子，即尼罗河的定期泛滥是埃及天文学得以诞生的起源（见《资本论》第一卷）。但问题是，在任何时期，人们总结知识所用的那些范畴是否也是被经济结构和社会存在决定的呢？在我看来，马克思毫无疑问会给出肯定的答案。可能针对那些前资本主义社会的自然概念，没有人会反对这一点；但马克思认为，这同样适用于在他的时代出现的那些知识。这一点在一封关于达尔文的信件中得到了说明。他高度尊敬达尔文，并认为达尔文的理论具有真正的基础性。他在给恩格斯的信中写道：

> 值得注意的是，达尔文在动植物界中重新认识了他自己的英国社会及其分工、竞争、开辟新市场、"发明"以及马尔萨斯的"生存斗争"。这是霍布斯的一切人反对一切人的战争，这使人想起黑格尔的《现象学》，那里面把市民社会描写为"精神动物的世界"，而达尔文则把动物世界描写为市民社会。①

---

① 《马克思恩格斯全集》第30卷，人民出版社1975年版，第252页。

似乎可以将这种观念谴责为相对主义或不可知论。然而，这种谴责又有什么理由呢？如果以非辩证的资产阶级方式来理解人类思想的社会历史条件，那么相对主义就会出现，即要么采取一种抽象的、形式化的方法，要么采取一种历史主义的方式（如兰克）。如果有人论证道：黑人村落的自然概念和资本主义社会中的自然概念都是由其社会存在的经济结构决定的，因而二者同样接近（或同样远离）客观真理，那么相对主义就会出现。但对马克思主义者而言，认识的物质基础（在这里，是与自然的物质交换）是具有具体性和客观性的过程，这也意味着这是一个在理论上具有可知性的过程。而其结果就是，这一过程中的特定方向和特定阶段都可以被观察到。而就其与客观知识的关联而言，这些阶段并不处在相同的水平上（就像历史主义者所说的那样），也不能因为预设了线性提高的发展路径（像进化论那样），就说时间偏后的阶段就在各个方面都更高。更有可能的是，就任何阶段而言，对其社会经济结构的具体分析规定了它在与自然的物质交换的发展中所处的阶段，进而规定了人们关于自然的知识所处的发展水平（高度、强度、类型等）。只有在以下意义上，人们在任何时刻所获得的知识才是相对的：这些知识可能需要修正，从更高的社会经济结构的发展阶段来看这些知识可能被证伪（同时，与自然的物质交换也会获得与之相应的扩展，并具有更大的强度等）。然而——就它与社会存在的客观现实具有关联，以及与经由此种现实被中介的自然具有关联而言——它是客观、绝对的真理。会转换的仅仅是面对它的立场和对它作出的理论解释——因为更完备、更正确的知识"克服"了它（例如，对托勒密天文学或第谷天文学而言，具有正确性的观察被哥白尼天文学"克服"了。它们仍然是客观真理，尽管旨在解释它们的理论已被证明是不正确的）。辩证唯物主义者必须意识到，他理解客观现实（社会和自然）所用的范畴是由他所处时代的社会存在所决定的，这些范畴仅仅是对客观现实的心理概括（诸种范畴是"存在的形式和存在的条件"——马克思）。在这个意义上，辩证唯物主义包含了"相对主义"。而历史唯物主义使之前的所有方法黯然失色，一方面，因为它始终如一地将现实作为一个总体，并视之为一个历史性的过程，另一方面，也是因为它能够理解知识的源头。在任何时候，知识本身被理解为历史客观过程的产物。它不将知识本身进行绝对化，也不将规定知识形式与内容的当前历史现实永恒化（如黑格尔所做的那样）。人们可能将其称为认识论相对主义或不可知论，但这是对资产阶级术语的滥用。

我的批评者之所以说我是不可知论者，无非是因为在当下的社会发展阶段，我否认存在一种不经社会中介的、直接性的人与自然之间的关系——同时，我显然拒绝就区别于当下社会发展阶段的、未来语境下的乌托邦式可能性展开讨论。因此，我认为我们的知识是经过了社会中介的，因为其物质基础是经过了社会中介的。所以，我仍然忠实于马克思对历史唯物主义之方法的表述："决定意识的是社会存在"。至于他们为何说这种观念蕴含着二元论（自然与社会的二元论），我就不知道了。① 如果有人像德波林和鲁达什那样，坚持认为存在和自然的直接性关系是有可能的，那么按照这

----

① 在前文中已经提到，鲁达什认为卢卡奇的理论是"不可知论"和"二元论"的。

种理解，关于自然的知识和关于社会的知识就会以相互并存、相互独立的方式二元地发展。如果此二元论被消解的话，那么所有特定的社会-历史范畴都随之瓦解，那么，就只有那些在自然科学中使用的范畴才能用于认识历史。上述推理会走向何方，鲁达什的尾巴主义的阶级意识理论以及德波林的理论给我们提供了实例。而由此言之，如果造成我们知识之转变的原因没有在社会存在的转变中被找到（社会存在的类型和程度总会变化，例如与自然的物质交换），那么随之而来的要么是纯粹的唯心主义，就像鲁达什同志以及他的"内在-辩证的科学发展"理念一样，或不得不承认自然科学的基本性变革在任何时候反映的都是自然之中的变化（按照这样的说法，太阳过去是绕着地球转动的，但现在这种关系得到了逆转——因而哥白尼的理论得到了证实；但我们不想再继续这种胡说八道了）。在何种程度上鲁达什同志甚至没有意识到这个问题，他又如何通过歇斯底里地抗议唯心主义和二元论来隐藏他非辩证的思维方式，凡此种种都在以下论战文本中展示得一清二楚。在我眼中，辩证法的决定性特征就在于："在作为范畴基础的现实中的历史变化是思想的变化的根本原因"①。鲁达什同志说："重要的是，破解'思想的变化'是什么意思。只有人才可以思想，这对我们的目标来说已经足够。"② 看来，只要一提起"思想的变化"就足以激起鲁达什同志那崇高的愤慨，而在那崇高的愤慨中，他甚至没有注意到，此处所说的"思想的变化"实际上是受思想之外的客观现实（即支撑范

---

① ［匈］卢卡奇：《历史与阶级意识》，杜章智等译，商务印书馆1992年版，第51页。
② *Arbeiterliteratur*，IX，S. 503. ——原注

畴的现实）的影响，是后者产生的一种效果。因此，这句话意味着只有在物质（构成思想之基础的现实）发生转变的条件下，思想的变化才会随之而来。对鲁达什同志而言，人类必然地具有思想，现实在他们的头脑中获取了一种有意识的形式——这可能是一个令他不那么愉快的事实，因为他显然希望在政治中完全消除人类活动，就像他希望从思想中消除人类的思想过程一样；但上述事实是无法改变的。客观性的辩证法实际上是独立于人，并在人类出现之前就已存在的——这恰恰是我这段话所主张的。然而，对于作为思想的辩证法以及对辩证法所作的思考而言（前引论述所强调的仅仅是这一点），从事思考的人是必要的。或许只有鲁达什同志才会怀疑上述结论，因为在他的折中主义思想中，博尔扎诺-胡塞尔式的对"句本身"（Satz an sich）的回念受到一种独立于任何思考的真理的困扰，也因为他把思想所具有的辩证客观性当作资产阶级逻辑主义的客观主义。

由此，认为我的概念陷入了二元论的观点是可疑的。正是根据我对马克思主义的解释（也是我唯一的解释）可以得出以下观点：作为一个整体，我们的认识有一个共同的来源，那就是社会的发展以及社会与自然之间的物质交换，认识的发展与此种来源的发展相一致。任何假定了某种直接性关系并反对这一点的主张，如认为人类和自然的关系独立于社会存在（作为关于自然之知识的来源），都必然会想象这两个认知领域以彼此独立的方式发展，而这才是二元论的；而且，这种二元论的观念将辩证法设想为两个彼此独立的认识领域所共有的原则。如此一来，辩证法就变成了单纯的认识原则，是一种更高级的逻辑。换言之，它也就带上了唯心主义的色彩。①

2. 辩证法的简单范畴与高级范畴

当然，这种相互关联绝不是两个认知领域之间以机械的方式依赖于彼此。由于此种关联的物质基础是一个辩证的过程，由于社会的经济结构和社会与自然的物质交换始终处于一种真实的辩证性互动中，所以这种客观的相互关联也始终是辩证的。即便在社会现象的内部，这些相互关联也不是以简单而直接的方式形成的，而是以一种在历史发展进程中不断改变的方式形成的。正是经由这样的途径，社会现象不仅改变了这些关联的内容——这些改变也被资产阶级的历史写作承认——而且由于现实的物质发生了改变，其相互关联的结构也发生了变化。因此，马克思反复指出"物质生产的发展例如同艺术生产的不平衡关系"②。而接下来的论述说明，艺术仅仅是例证之一，同样的不平衡发展也会在法律和生产之间出现。只有机械而僵化的资产阶级思想，才无法解决以下问题：它会陷入"永恒的外部铁律"与"独特的个性"之间拜物教式的二律背反。在辩证唯物主义中，结构问题是以历史的方式被解决的（通过指出相关结构的具体的、现实的历史起源），而历史问题是以理论的方式被解决的（通过指出对法则的遵从是从人们所思考的物质现实中

---

① 正如前文所说，如若对自然的认识可以是直接的、无须经由社会中介的，那也就意味着认识的进步是一个"内在"的过程，而不受社会-历史进程的影响。而如若在此基础上像鲁达什一样将辩证法视为自然的原则，那么可以从中推导出，辩证法可以不经由现实的社会—历史进程而得到展开和认识。由此，辩证法本身失去了历史性，因而卢卡奇认为，这让辩证法带上了唯心主义的色彩。

② 《马克思恩格斯全集》第 30 卷，人民出版社 1995 年版，第 51 页。

产生的）。由此，在有关经济范畴之次序的问题上，马克思强调：
"它们的次序倒是由它们在现代资产阶级社会中的相互关系决定
的，这种关系同表现出来的它们的自然次序或者符合历史发展的次
序恰好相反。"①

　　然而，尽管现实的客观进程是辩证性的，且正确反映此种过程
的洞见也以辩证的方式出现，但这并不意味着一切知识都以辩证法
的形式出现。青年马克思主张"理性向来就存在，只不过它不是永
远以理性的形式出现而已"②，这一观点同样适用于辩证法。客观
的辩证联系在思想上是否采用了辩证的形式，在何种程度上采取了
辩证的形式，人们又能否意识到相关联系的辩证性质，以及在何种
程度上能够意识到这种联系的辩证性质？这取决于社会的经济结构
和认知者在其中所处的阶级地位。在某些情况下，此种辩证联系可
能根本不会以认识论的方式在思想中出现。它可能会以不可解决之
矛盾、以二律背反的面貌出现，也有可能它的某些特征能得到正确
的理解，但人们无法从整体上定位它在发展中所处的正确位置。基
于目前的论述，很清楚的是，这样的知识至少可以部分地客观为
真。然而，只有当社会的历史发展已经达到了相当先进的程度，以
至于存在于这些矛盾之中的真实问题得到了历史的解决或这些问题
正在被解决时，具有辩证性质且在理论上为真的知识才可以被获
得。换言之，辩证矛盾的解决和克服是通过现实的历史进程而实现
的。在特定条件下，思想可以超前于这些进程，但也只是在对矛盾

---

① 《马克思恩格斯全集》第 30 卷，人民出版社 1995 年版，第 49 页。
② 《马克思恩格斯全集》第 1 卷，人民出版社 1956 年版，第 417 页。

的克服已经以现实的形式出现，只不过在实践上还不成熟时，这种"超前"才是有可能的。而如果这种相互联系还没有通过真实的历史过程变得完全有意识，且人们未能意识到其具体的物质基础，那么精神上的超前必然会误入抽象，进入唯心主义（黑格尔）。

德波林就此方面对我的辩证法概念提出了最严厉的批评。这是可以理解的：他认为我无视了最简单的辩证法范畴而崇尚更高级的辩证法范畴。德波林说："我们只是想强调这样一个事实，即在攀登绝对精神的高峰时，黑格尔始终在考虑发展的进程，他同时表明：作为整体的过程塑造了它的内容。向着绝对精神顶峰的运动从抽象和简单的概念或范畴开始，并向着接下来的概念行进，随后变得更加丰富具体。"① 上述引文是对黑格尔的表现模式（Darstellungsweise）概念的描述，它——大体上——是正确的。而且可以补充的是，作为唯心主义者，黑格尔常常陷入一种错觉，即这种阐述辩证范畴的方式也对应于其客观现实的相互联系——作为它们获得可理解性的现实过程。同时，德波林还"在很大程度上"认为黑格尔解释概念的方式也被马克思采用②，但对马克思而言，情况显然不是这样。对马克思来说，非常清楚的一点就在于，相对较低（较为简单、较为抽象）的范畴只能从较高（更复杂、更具体）的层次来予以认知。他说："人体解剖对于猴体解剖是一把钥匙。反过来说，低等动物身上表露的高等动物的征兆，只有在高等动物本身已被认识之后才能理解。因此，资产阶级

① *Arbeiterliteratur*，IX，S. 636. ——原注
② 参见 *Arbeiterliteratur*，IX，S. 636。 ——原注

经济为古代经济等等提供了钥匙。"① 对马克思而言，简单范畴是表现（Darstellung）的起点（商品、劳动、货币等）。然而，他的辩证唯物主义和历史唯物主义使他不至于错误地忽视简单范畴所具有的历史性。他准确地对劳动加以论述："劳动似乎是一个十分简单的范畴。它在这种一般性上——作为劳动一般——的表象也是古老的。但是，在经济学上从这种简单性上来把握的'劳动'，和产生这个简单抽象的那些关系一样，是现代的范畴……这个被现代经济学提到首位的、表现出一种古老而适用于一切社会形式的关系的最简单的抽象，只有作为最现代的社会的范畴，才在这种抽象中表现为实际上真实的东西。"② 因此，"从抽象上升到具体的方法，只是思维用来掌握具体、把它当作一个精神上的具体再现出来的方式。但决不是具体本身的产生过程。"③ 如果他将黑格尔的方法"大体上"等同于马克思的方法，那么德波林就会屈从于黑格尔的幻想，即"现实世界是思维的结果，它导致自身的综合、自身的深化和自身的运动"。从马克思后续作出的全部具体解释中，人们不难发现他对此种黑格尔式的方法有所涉及。由此，人们可以理解他对此种方法的态度：他总是拒绝将具体现实构造为它的简单抽象的要素，即便他（非常正确地！）将这种构造用作一种解释模型。我仅仅引用部分文本：

> 如果危机的这两种抽象形式本身并没有实际地表现出来，

---

① 《马克思恩格斯全集》第 30 卷，人民出版社 1995 年版，第 47 页。
② 《马克思恩格斯全集》第 30 卷，人民出版社 1995 年版，第 44—46 页。
③ 《马克思恩格斯全集》第 30 卷，人民出版社 1995 年版，第 42 页。

那就不会有危机。只要买和卖不彼此脱离，不发生矛盾，或者只要货币作为支付手段所包含的矛盾不出现，因而，只要危机不是同时以其简单的形式——买和卖矛盾的形式和货币作为支付手段的矛盾的形式——出现，那就不可能发生危机。但是，这终究只不过是危机的形式，危机的一般可能性，因而也只不过是现实危机的形式，现实危机的抽象形式。危机的存在以这些形式出现就是以危机的最简单的形式出现，也是以危机的最简单的内容出现，因为这种形式本身就是危机的最简单的内容。但是，这还不是有了根据的内容。有简单的货币流通，甚至有作为支付手段的货币流通——这两者早在资本主义生产以前很久就出现了，却没有引起危机——而没有危机是可能的，也是现实的。因此，单单用这些形式不能说明，为什么这些形式会转向其危机的方面，为什么这些形式潜在地包含着的矛盾会实际地作为矛盾表现出来。①

在上述文段中，很容易看出"简单"范畴和"高级"范畴在马克思那里具有何种联系。只有当更高的范畴在现实的历史过程中产生，并在其辩证关联中得到正确的认识，人们才能认识到那些与之对应的简单范畴在历史和系统中的功能。而若将这一过程颠倒过来，那就变成了一种唯心主义的幻想，并导致对现实存在的辩护。② 由此，在以上所引的关于资产阶级的危机理论的论述中，马克思令人

---

① 《马克思恩格斯全集》第 34 卷，人民出版社 2008 年版，第 580—581 页。
② 因为如若将这一过程颠倒过来，那么"简单范畴"就获得了一种超历史和超现实的基础性，因而变成了唯心主义的幻想，并且其超历史性将会否认社会变革超出这一"基础"的可能，因而陷入对现实存在的辩护。

信服地反驳了"将简单范畴作为基本要素"这一观点。我想顺便提一提，有人声称《资本论》的第一卷和第三卷之间存在"矛盾"——但资产阶级经济学没有能力理解以下事实，即马克思在写作第一卷之前，就必定理解了第三卷中提出的经过修订且更加具体的规定。明确马克思方法论中的这一方面对于理解唯物辩证法具有重要意义。必须明确以下事实：所谓的简单范畴并不是系统中的超历史要素，而同样是作为它们所隶属的、具体之总体的历史发展进程的产物，因此，从更高、更复杂和更具体的范畴出发可以把握简单范畴。也就是说，只有对简单范畴所属的具体整体的理解，才能使对简单范畴的认识成为可能，而不是相反，即使——正如已经概述的那样——对它的阐述必须采取相反的路径。

所有这一切也为鲁达什的问题提供了答案——对于这一问题的合理性，他甚至不敢"表达自己的怀疑"① ——这一问题即是：为什么我没有将量到质的转变界定为决定性的辩证范畴，而是将主体与客体的互动、理论和实践的统一界定为决定性的辩证范畴，并将范畴的变化视为物质（范畴背后的现实）变化的结果。鲁达什同志，这是因为，在关于这些范畴的思想中所表达的，是这个社会发展阶段（在这个阶段，无产阶级作为独立的阶级而出现并带来社会转变）中出现的新的、特殊的事物。如果我们不把辩证法的出现看成是真实历史过程的一部分，而将黑格尔唯心辩证法对它的颠覆，以及马克思对黑格尔的"颠倒"②，仅仅看作一种学术的发展，那

---

① *Arbeiterliteratur*，IX，S. 503. ——原注
② 这一知名的比喻是指，马克思将黑格尔本末倒置的辩证法进行颠倒，使其重新"正立"。

么我们就违背了历史唯物主义的本质。我们必须时刻关注历史中现实的经济因素和以阶级为条件的因素，是这些因素促成了上述思想发展。由此，以下问题很清楚了：一方面，在黑格尔的《逻辑学》（"概念论"［Logik des Begriffes］）中，那些最抽象、最观念化的范畴构成了其体系的顶峰，而这些范畴（在马克思那里）变成了无产阶级斗争中具有现实性和实践性的因素。另一方面，简单范畴的规定作用和可理解性都依赖于"更高"的范畴，在马克思那里，简单范畴失去了唯心主义的特征，被"正立"过来，并表现为受历史发展进程所驱动的抽象。无论人们从马克思那里接受了何种"简单"范畴，人们会发现，只有通过这种视角，它们才能被正确地把握。如果有人像机会主义者一样，将上述"决定性的"范畴从整个体系中抽离，那么他就以资产阶级的直接性将这些"简单"范畴永恒化。由此，任何辩证功能都丧失了。这样的"马克思主义"经济学一下就变成了庸俗的资产阶级经济学（考茨基、希法亭等）。不难想象，脱离这种联系的"辩证"范畴甚至可以被资产阶级学者利用，例如，他们可能能够将量转化为质。范畴只有在**辩证的整体联系**（dialektischer Gesamtzusammenhang）中才具有真正的辩证性，只能通过在意识层面上将"简单"范畴中介为具体的"更高级的"范畴，此辩证的整体联系才能生成。范畴之所以只能在辩证的整体联系中才能具有真正的辩证性，是因为只有这样的联系才能在思想层面**对真正的历史过程进行真实而正确的再生产**。由此，社会存在规定了人们的意识。

3. 再论与自然的物质交换

他们（资产阶级经济学家）有关自然的意识也是如此。这不仅是一个狭隘且僵化的概念，而且是一个二元论的概念①。它在考察我们与自然的真实关系、考察我们对自然进行认知的物质基础时，没有以我们与自然的物质交换为出发点，没有考虑社会与自然的物质交换是在双重意义上被规定的：它既是与自然的相互作用——而自然独立于人类存在——但同时，在任何时候，与自然的物质交换又由社会的经济结构所规定。我重复一遍：任何具有正确直觉的马克思主义者在谈论埃及人的天文学或亚里士多德的物理学时都会采取这种立场。那么，现代自然科学是否据有了一个特殊的位置呢？这种辩证性的双重规定是否对它无效呢？

当然，我们对这一问题的回答是否定的。我们必须以辩证的方式说"不"。而这意味着，我们承认现代自然科学的确在人类关于自然之知识的历史上据有一个特殊的位置。这样的评价在任何意义上都不是不恰当的。而如果我们按照对待之前的历史时期关于自然之科学的方式来对待它，那么这是一种错误的相对主义（例如皮埃尔·迪昂就犯了这样的错误）②。但是，资本主义社会中物质与自

① 在卢卡奇看来，由于资产阶级有关自然的意识忽略了对自然的认知以社会为中介（因而是狭隘、僵化的），因而其将"自然"与"社会"、"对自然的意识"与"对社会的认知"视为彼此独立的，由此是一组二元论的概念。
② 皮埃尔·迪昂（Pierre Duhem，1861—1916）是法国物理学家、科学史家。此处卢卡奇原本说的是"Here，for example，is where Duhau's mistake lies"，但无法找到名为"Duhau"的相关人士。有学者认为此处的"Duhau"是"Duhem"的错误拼写。此处暂采信这一说法。

然的交换构成了现代自然科学的物质基础，而资本主义社会难道不是在社会发展过程中占有特殊的地位吗？它作为最后一个阶级社会的地位是否只是在"量"的意义上，在其处于整个序列中的最后位置这一意义上被界定为"最后的"？当然不是。在这里，"量"确实转化为了"质"：最发达的阶级社会为社会主义创造了物质的、经济的和社会的先决条件，它为人类史前史的终结作准备。例如，社会主义社会继承了资本主义在技术领域创造的所有巨大成就，而且这种继承不同于资本主义社会在它的时代对中世纪遗产的继承。早期资本主义继承了衰落的封建社会所拥有的技术，而在封建社会的诸种技术之间并不存在以任何方式形成的统一性的联系——而这是我们时代的技术所具有的。只有被资本主义生产接管，这种联系才得以形成。而社会主义，如果不仅要进一步发展它所接管的技术，而且还要对其进行内部改造，将其提高到更高的水平（例如，通过变革资本主义的劳动分工），那么首先，也许在一个漫长的过渡时期之内它都必须利用资本主义已取得的技术成就（当然，这些技术也会得到进一步发展）。只有随着资本主义的发展，那些使得人们有可能理解社会经济结构和历史的真正驱动力（同样针对前资本主义时期）的经济决定因素才会出现。那些构成知识的要素，那些使关于社会与历史之科学知识成为可能的"简单"范畴，作为"存在的形式和存在的条件"，部分地是资本主义发展（劳动本身 [labour per se]）的产物。只有在资本主义社会，它们才会在整个经济中发挥作用，因此，它们可被理解为在作为整体的这一系统中发挥作用的要素（像货币一样）。（资本主义社会不仅是人类发展过程中的一个特定历史阶段，而且在这个阶段中，人类发展的驱动力清晰地显现出来——当然，只有当它的自我批判在无产阶级的理论和实践中得到充分体现时才会如此。）①

　　这种生产关系的发展预设了一种与之相对应的生产力的发展，它也必须伴随着一种与之相对应的社会与自然之物质交换的发展。事实上，资本主义发展为社会主义创造了物质前提（技术、机器等，如列宁论电气化）。在越来越大的程度上，对自然的控制具有了更大的强度和更广泛的体系，这在过往的社会形态下是不可想象的。在与这一过程的不断互动中，针对自然的知识得到了发展：它在此种社会存在的基础上产生，既是其产物，也是促进这一过程的最有效工具之一。（由于我认为鲁达什同志和德波林都不太了解辩证联系，所以我将再次强调以下内容：现代自然科学是资本主义发展的产物，这并不意味着它们是"主观的"。首先，资本主义社会本身就是"客观的"东西；其次，它以前所未有的方式使得对自然进行充分、客观、系统的认识成为可能。相较于此前的社会形态，这种充分、客观、系统的认识是资本主义社会的存在条件。资本主义不仅使得这样的知识成为可能，更是因为这一知识对于资本主义来说是必要的。）因此，现代自然科学是资本主义社会的产物这一

---

① 根据卢卡奇的标注，上述文段来自《政治经济学批判大纲》（即《1857—1858 年经济学手稿》，简称《大纲》），但在《大纲》中没有找到完全相同的文本。括号内文段与下列文段含义相似："基督教只有在它的自我批判在一定程度上，可说是在可能范围内准备好时，才有助于对早期神话作客观的理解。同样，资产阶级经济只有在资产阶级社会的自我批判已经开始时，才能理解封建的、古代的和东方的经济。在资产阶级经济没有用编造神话的办法把自己同过去完全等同起来时，它对于以前的经济，特别是它曾经还不得不与之直接斗争的封建经济的批判，是与基督教对异教的批判或者新教对旧教的批判相似的。"（《马克思恩格斯全集》第 30 卷，人民出版社 1995 年版，第 47 页。）

事实丝毫没有影响其客观性。的确，通过对这门科学与其物质基础——资本主义社会与自然之间的物质交换的关系——进行彻底而具体的分析，可以指出为什么过往社会形态中的知识模式——那种具有神话性质的模式——必须被清算，为什么一门在本质上处于更高水准的自然科学只能在资本主义的基础上产生。

这里立即出现了一些问题——它们彼此密切相关，也是这场争论的核心。首先，现代条件下有关自然的知识以资本主义社会存在为前提——这一论断是否仅仅在以下意义上成立，即这种知识在事实层面上产生于资本主义的社会存在之中？它又是否在其结构、范畴、方法等方面独立于此种社会存在呢？其次，此种知识模式所带来的洞见具有客观性，这是否意味着它在任何情况下都是辩证的？如若作出肯定的回答，那就意味着——与马克思相反——假定与自然之间存在一种无社会中介的关系。这也就意味着需要假定自然科学家可以站在社会之外追求纯粹的自然科学，并且社会发展的范畴（存在的形式、存在的条件！）对于发生在他脑海中的求取知识的过程没有任何影响。如果我们假定了种种这些，我们就会陷入同样原始的、机械的、因果的、非辩证的思辨模式。资产阶级科学很喜欢以此来谴责历史唯物主义，因为它（指历史唯物主义）将关于"经济"的知识视为一个特殊的"领域"，这一领域以直接的因果方式决定了其他的领域（法律、艺术等）；随后资产阶级科学会愤愤不平地拒斥这种——它们自己发明的——机械的因果联系。然而，如果人们像马克思所作的"市民社会的解剖学"一样理解经济，那么人们不得不说，资产阶级社会中的任何生活表现都不能独立于与这种解剖学的关系而存在。无论是在主体方面（范畴作为主

103

体在一切生活的表现中存在的形式）还是在客体方面（对社会与自然间物质交换的社会规定），没有任何表现不能用这种解剖学来解释，对于任何表现来说，这种解剖学都具有必要性。

然而，在这里，将问题具体化的努力会遇到一个事实性的历史障碍。更细致地讨论这一问题的方法论层面无疑是很有益的。在前文中，我们指出了马克思的主张，即历史性的知识依赖于一个社会的自我批判，需要对其自身之存在的物质基础形成洞察，也需要在其基础上发展起来的知识，从前资本主义社会形态到资本主义社会形态的转变显然区别于从资本主义社会到社会主义社会的转变。在前者之中，这种转变是直接的、巨大的，并且其最引人注目的方面就是自然和社会之间的物质交换所发生的转变。这种转变如此之大，以至于在社会转变发生之前许多关于自然的知识就已经发生了明显的变化（毫无疑问，关于哥白尼天文学的斗争同时也是阶级斗争的一种意识形态形式）。与此相反，在资本主义向社会主义的过渡中，社会与自然之间的物质交换似乎一开始没有改变，实际上，它以前的发展路线甚至于似乎得到了暂时的巩固和加强。这一领域的变革前景也只发生在共产主义的第二阶段（推翻资本主义分工，消除脑力劳动和体力劳动之间的差异，转变城乡关系）。当然，和其他方面的转变一样，这里发生的转变也是具有流动性的，是某一个时刻占有优势的问题，而不是某一时刻排除了另一时刻的问题。以下情况完全是有可能的：当前自然科学的危机很可能已经是其物质基础即将发生革命的迹象，而不仅仅反映着资本主义衰落之中普遍性的意识形态危机。

然而，只要我们还不能具体地解释我们的感知从其物质基础中浮现的历史起源，即是说，就像马克思对我们的社会-历史感知所作的那样，不仅能说明它们是存在的，更能说明它们是怎样、如何存在的等，那么我们的观察模式就还缺少一个在辩证法中非常重要的客观性因素：历史。我绝不想否认自然科学包含历史认知的成分。我也不否认，马克思所要求的"统一的历史科学"已在其中（康德、拉普拉斯、达尔文等①）迈出了第一步。即便在前马克思的对社会的知识中也包含着历史性的因素（斯图尔特·密尔、黑格尔、法国历史学家等）。然而，真正具有历史性和辩证性的知识只有在马克思那里才出现，只有通过将当下视为整体过程中的一个时刻才得以出现。我想没有人会坚持认为这些历史性因素是现代自然科学问题的核心，或者说，恰恰是最发达的自然科学和其他在方法论上堪称典范的自然科学会自觉地与这些问题作斗争。为了使这些问题获得重要性，一方面，有必要明确与某些规律相匹配的时代或阶段，因为它们有助于捕捉特定的、在思想中具有历史客观性和真实性的关系；同时，另一方面，有必要辩证地理解从客观真实的历史过程中必然出现的规律（恩格斯在致 F. A. 朗格②的信中明确提到了经济上的规律）。所有关于自然的知识在何种程度上可以被转化为历史性的知识，也就是说，自然界中是否存在永远不会改变其结构的物质现实，或在很长一段时间内它们不会带来人类知识的改变，这一问题不能在这里被提出，因为即便在那些对我们而言似乎

---

① 达尔文曾提出进化论，康德、拉普拉斯也曾各自提出有关太阳系的假说，被称为康德-拉普拉斯星云说，强调宇宙天体的演化过程，因而这两种自然科学理论都具有某种程度上的历史性。
② 弗里德里希·阿尔伯特·朗格（Friedrich Albert Lange，1828—1875）是德国哲学家，曾著有《唯物主义史》。

发生了历史发展的地方，它们的历史特征在当下也只能在极小的程度上得到把握。这意味着，到目前为止，我们已经意识到一种跨越了无垠时间的客观历史发展过程必然先于人类的历史，然而，对于这种发展过程和我们的历史之间的联系，我们依然知之甚少，甚至在某些方面完全不得而知。这并不是因为我们今天可用的材料不足，也不是因为目前我们的研究方法发展不足（许多自然科学在精度方面高于历史科学）。这是因为，发现知识的物质基础并辩证地从这种物质基础中获得知识的能力，直到此时还没有被客观的现实发展所产生。优秀的自然科学家面对自然时就像李嘉图面对资本主义社会一样不偏不倚（那些不优秀的自然科学家已经陷入了怀疑论，这只能被认为是危机的征兆）。这并不妨碍他们获取客观正确的知识（就像李嘉图的例子所表明的那样，他在很多领域获得了这样的知识），但确实使他们无法将具体材料中出现的矛盾解释为辩证性的矛盾，也不能像前文所描述的那样，从理论和历史角度发掘个别时刻和总体之间的联系，将其视为统一历史进程中的一个时刻。这样一种自然科学的历史转向，即对其自身之起源进行洞察（意识到自身的地心说特质），将使其像引入了马克思主义从而得以认识自身起源的社会科学那样变得不再"相对主义"。

4. 为我的和自为的

现在，我们要谈谈我对弗里德里希·恩格斯一些观点的关键反对。（我并不想讨论德波林和鲁达什有关我的错误且具有煽动性的言论，他们声称我实际上是要挑拨马克思来反对恩格斯。我对自己过去说过的话和现在说的话负责，也不想有人指责我太过"圆滑"。）这与《路德维希·费尔巴哈和德国古典哲学的终结》中有关"自在之物"（Ding an sich）的著名片段有关。① 因为我驳斥恩格斯将"自在"（An sich）与"为我"（Für uns）对立起来的做法，我表示这两个概念不仅不是对立的，而且是相关的，自在的辩证对立面应该是"自为"（Für sich）②，鲁达什同志指责我这种"迂腐的、偏哲学的、学院派的精确气"③。不管怎样，鲁达什又马上纠正了自己的说法：对于我来说，把这二者对立起来不仅仅是迂腐，更是我受制于传统黑格尔哲学的一个体现。可怜的黑格尔，鲁达什每次歪曲"马克思主义"和"新康德主义"的时候，就把黑格尔拿出来顶罪。有时，他为自然与历史的二元论奠定基础；有时，又希望茜素（Alizarin）能将自己认识为客体，到达"自为"的阶段。④ 就像马克思对

———————

① 参见《马克思恩格斯全集》第28卷，人民出版社2018年版，第333页。
② 卢卡奇：《历史与阶级意识》，杜章智等译，商务印书馆1992年版，第204—207页。在《历史与阶级意识》中，卢卡奇引用了恩格斯所举的例子："当有机化学开始把它们制造出来时，'自在之物'就变成为我之物了，例如茜草的色素——茜素，我们已经不再从田地里的茜草根中取得，而是用便宜得多，简单得多的方法从煤焦油里提炼出来了。"他随后对其反驳道："对黑格尔来说，'自在'和'自为'这两个术语根本就不是对立的，而是相反：是必然相关的。某物只是'自在'地存在，对黑格尔来说，就意味着它只是'为我'而存在。'为我或自在'的反题是'自为'，即这样一种存在方式，在那里客体的被思维同时就意味着是客体关于自身的意识。"（［匈］卢卡奇《历史与阶级意识》，杜章智等译，商务印书馆1992年版，第205页。）
③ *Arbeiterliteratur*，IX, S. 509. ——原注
④ 例如，鲁达什在他针对卢卡奇所作的第一篇批判文章中指出："……按照恩格斯的看法，对于一个唯物主义者而言，'自在'的事物是存在的，即在外部世界中还有一部分东西是我们所不知道的，而'为我'的事物则是我们所知道的那一部分。而在持续的实践和认知过程中，'自在'的事物不断地转化成'为我'的事物。马克思曾在一段引文中谈到'自为'的阶级，这是完全没问题的，（转下页）

狄慈根（Joseph Dietgen）的评论那样（狄慈根只有这一点配得上与鲁达什同志进行比较），"学习了黑格尔主义"对于鲁达什同志来说是不幸的。不管是黑格尔本人，还是所谓的"正统黑格尔主义"都不认为茜素能够达到自为的状态，准确地说，我们所拥有的关于自然的认识和关于历史的认识之间的差异（正如我们已经看到的和德波林强烈认定的那样）来自以下事实：对于历史来说，作为物质的客体推动其自身进入自为阶段（进而使得可能的知识取得自为的形式）；而与之相反的是，对自然的认识是以自在-为我这组相互关联的形式得以展现的。尽管黑格尔偶尔也会表现出强烈的实在论（Realismus），但他的局限之处在于他根本不屑于说明"自为"这

（接上页）而且并不与恩格斯对术语的使用相对立，更不是使用黑格尔的术语。因为很明显，如果一个阶级拥有阶级意识，它就会产生自我意识并知道自己是一个阶级。它具有阶级利益，并与一个敌对的阶级相对立。它不仅是一个'自在'的阶级，即客观上根据其社会经济特征而被视为一个阶级，而且在其意识中成为'自为'的阶级。因为这个阶级是由具有意识的人类所组成的，这种意识使这个阶级也能实现对自己的意识。但是，在谈及事物，如茜素的时候，使用'自在'与'自为'这组对立的术语又意味着什么呢？也许茜素也能实现对自身的意识，它能成为一个'自为'的东西吗？在黑格尔的认知里，对这一问题的回答是肯定的！但在马克思和恩格斯那里则绝不可能！而卢卡奇似乎也会给出肯定的答案，因为他也是一个唯心主义者！"（„Orthodoxer Marxismus?",1924,*Arbeiterliteratur*,IX.）在其批判文章的最后部分，鲁达什写道："卢卡奇是如此，阿德勒也是如此。他们在自然界和'自然'之间构造了一种对立。他们否认任何只要是看了一点点马克思和恩格斯著作的人都会知道的事情：马克思和恩格斯将他们的理论描述为自然科学。他们并没有为了构造一种人为的对立而将关于自然的理论和关于社会的理论分割开来，相较于自然界，社会被贴上了'自然'的标签。而马克斯·阿德勒和卢卡奇这两个唯心主义者则与那些过去的新黑格尔主义者没有什么不同，马克思和恩格斯对新黑格尔主义者的批评也对他们适用；'这样，就把人对自然界的关系从历史中排除出去了，因而造成了自然界和历史之间的对立'（《马克思恩格斯选集》第1卷，人民出版社2012年版，第173页）。"（*Arbeiterliteratur*,XII,S.1065-1066.）——英译者注

个概念，即物体认识到了自身的物质具体性、历史形成性和生成性，这一局限使黑格尔陷入神话般的唯心主义。这可能仅是因为他所生活的那个时代还不存在这样的物质，因为人们的社会存在事实上决定了他们的意识。我们在此不再深挖黑格尔系统中的结构问题。但是，我们一方面要将鲁达什强加给黑格尔的荒谬说法归正到鲁达什自己头上，另一方面要指出自在-为我向自为的转换展现了现实的以及思想的中介，此外，并不意味着为我存在于一个缺少上述中介的体系中。这一内容也涉及上文对低级与高级范畴之间关系的论述，现在，我们回到恩格斯的论述。

恩格斯说："对这些以及其他一切哲学上的怪论的最令人信服的驳斥是实践，即实验和工业。"① 自在的事物经由实验和工业被变成了为我的事物。最后这一句的正确性无可置疑，我也从未怀疑过这一点。但是，我质疑的是哲学怪论是否真的由此被反驳了。因为我们没有深入探讨恩格斯对康德思想的误解程度，因此我必须在给出自己的评论之前，先作出一些备注性的解释。笼统地将康德哲学解释为不可知论是不够的，我们需要说明其不可知之处与不可知的程度。然后（准确地说，这个问题与上一个问题之间存在紧密关联），恩格斯的论点在多大程度上反驳了康德的不可知论？如果仅限于康德外部世界的不可认识性（Unerkennbarkeit der Außenwelt）或者认识的表象所具有的主观特性（der subjektive Scheincharakter der Erkenntnis）（高尔吉亚等希腊智者或贝克莱等主观唯心主义者持类似观点），那么上述反驳确实令人信服。但是，正如梅林已经

①《马克思恩格斯全集》第28卷，人民出版社2018年版，第333页。

注意到的那样，康德的问题并不在此。梅林对这一点有过明确的
表述："但是我们必须注意到一点，因为恩格斯将康德的认识理
论视为'哲学怪论'事实上对康德并不公平"。虽然康德确实说
过我们并非按照事物自身所是的样子来看待它们，而是以我们的
感官认为它们所具有的样子来看待它们，但是康德并未就此得出结
论认为表象世界只是虚幻，不是人们实际所经验的世界，因此，实
际上他本人也有可能写出恩格斯用来反驳他的句子："布丁好坏，
全赖品尝"（类似的文段也可在我的著作中找到①）。鲁达什同志也
觉察到自己立场的薄弱之处，承认"康德主张表象世界具有完全的
可认识性。但这更多地是因为他是半个唯物主义者"②。这里我需
要加入自己的两点观察。首先，对于康德来说，表象是指客观事
物，而并非幻象（可参照《未来形而上学导论》"附释三"中针对
贝克莱的反驳）。从这个方面来看，即使不是整个，但康德肯定算
是黑格尔的半个先行者，之所以说不是整个先行者是因为康德没有
辩证地抓住"表象"之客观性中隐藏的矛盾，而这一点是由黑格尔
率先阐释明白的（在"本质论"部分）。其次，18世纪的唯物主义
者也认同康德的这种"半唯物主义"，即将人的认识限制在"表象"
层面却承认自在之物的不可认识性。我只想提出一个不太可能被指
控为"唯心主义"的"证人"——普列汉诺夫。他曾引用霍尔巴赫
的话："人类并非无所不知。人无法渗入事物的本质，也无法直接

---

① *Neue Zeit*，XXVIII，I，S.176. ——原注　　如［匈］卢卡奇《历史与阶级意
　识》，杜章智译，商务印书馆1992年版，第291页。
② *Arbeiterliteratur*，IX，S.510. ——原注

触碰真理。"① 而在一段驳斥朗格的论述中，他说"但罗比内特②在谈论自在之物时，仅在重复霍尔巴赫和爱尔维修的话"③，等等，而朗格将罗比内特视为康德的先行者，因为罗比内特也主张自在之物的不可认识性。这些立场中显然都隐含一定的矛盾；很明显，这些思想家如果都是在力争超越该界限的话，那么他们都搁置了唯物主义或者半唯物主义的哲学视角，成为不可知论或唯心主义的受害者（或兼受两者之害，如康德）。

因此，关键在于以下问题：首先，"表象"世界到底在多大程度上是客观的，在多大程度上是主观的；其次，自在之物的不可辨识性对于知识的客观性意味着什么。我们已经指出康德不接受贝克莱的彻底的主观性，事实上，他甚至将这种观点视为"理性的丑闻"；但与此同时，我们也说过，他在这里是处于一个矛盾的哲学立场。因为，一方面，他明白"表象世界"具有主观的形式，由认识主体所形成，而康德理论体系中的认识主体并非单个的认识主体（das individuelle erkennende Subjekt）。另一方面，这种认识的内容与质料，即康德所称的感性（Sinnlichkeit），是完全独立于主体的；它是由自在之物对主体的"刺激"（Affektion）所引起的。那么，认识只可能是自在之物所引起的刺激的产物（众所周知，康德否认人们可能认识其质料无法被感知的事物），但是人对自在之物

---

① Georg Plechanow （Hg.）, *Beiträge zur Geschichte des Materialismus*: I. *Holbach*, II. *Helvetius*, III. *Marx*, 1921, S. 9. ——原注

② 让-巴蒂斯塔-热内·罗比内特（Jean-Baptiste-René Robinet，1735—1820）是法国唯物主义哲学家。

③ Georg Plechanow （Hg.）, *Beiträge zur Geschichte des Materialismus*: I. *Holbach*, II. *Helvetius*, III. *Marx*, 1921, S. 9. ——原注

的认识是完全不可企及的，是完全超验的。① 我们无法以直接性的方式通过对具体认知的具体扩展来克服这种矛盾。我们可以看出康德同样也在研究一组相关物——自在和为我，这诚然是一种非辩证且不灵活的版本（"为我"之物以具有客观性的方式出现，但"自在"之物却在其中变成了一个矛盾性的神话），从牛顿天文学或者他自己的天文学理论的角度出发，他肯定不会觉得恩格斯的茜素有什么问题。从他的角度来看，将具体认知拓展而展开的无限领域整体上是一个客观世界，这个世界仅仅与自在之物有关，但作为其基础的自在之物却处在知识之外，不考虑具体的知识及其具体扩展，这个世界仍受到主观性瑕疵的"玷污"。那些追随康德的人、那些试图将自在之物这一概念仅作为认识理论之极限的人，一直坚持对具体认知所作的分析。然而，他们简单地屏蔽了康德的问题，而没有就独立于我们的客观现实展开追问②，在这一意义上他们曲解了康德，并因此成了教条主义的不可知论者。一个人完全可能在哲学意义上持有针对现实的不可知论，而不令这种不可知论影响他们在科学实验和研究中对待外部世界的实践性态度。恩格斯清楚地解释了这种不一致的现象，他说："一旦我们的不可知论者作出了形式上的限定，他就将以彻头彻尾的唯物主义者的身份说话和行事，仿佛他本来就是如此"③。

　　这里，恩格斯自己似乎已经承认了不可知论者可以兴高采烈地

---

① 普列汉诺夫曾指出过这种矛盾，见 *Neue Zeit*，XVII，I，S. 135ff。——原注
② 此处所说的可能是朗格。朗格否认"物自体"的客观存在，认为它仅仅是一个"极限概念"。
③ *Neue Zeit*，XI，I，S. 19. ——原注

生产茜素，但在其理论上和哲学上依然选择不可知论。因此，必须从哲学角度来反驳他。恩格斯谈到黑格尔对康德二律背反的哲学反驳："如果你知道一件事物的所有属性，那么你就能弄清事物本身；除了所说事物存在于我们之外的这个事实，别无其他……"①。这种哲学性的反驳是黑格尔本质论的一部分，也对表象的客观性作出极佳的提纲挈领式的描述。② 当然，我们在这里无暇重复黑格尔的解释，即使用缩略的方式也不行。我们必须将自己限制在某一关键点上。这种对自在之物的反驳，以及对有关自在之物之二律背反的消解预设了如下观点：主客体关系并非形而上的僵化关系（如康德所说的那样），而可以被理解为一种辩证性的互动。"存在"与"生成"之间的辩证性相对关系构成了黑格尔的论证，而这预设了主体与客体之间辩证性的相对关系（见《逻辑学》）。正是以上述论证为基础，黑格尔对于自在之物的批判核心才得以成立。最重要的是，黑格尔反对将事物之特征（Eigenschaften）视为纯主观的观点。

> 一个物具有各种特性：首先，它们是物与他者的已设定的关联；特性只有作为一种彼此对待的方式才存在着，因此是一个外在反映，是物的已设定的存在这一方面。但其次，物在这个已设定的存在里是自在的；它在与他者的关联中保持着自身；因此不管怎样，它仅仅是一个表面，而伴随着这个表面，实存屈从于存在的转变和变化；与此同时，特性并没有在这个

---

① *Neue Zeit*，XI，I，S. 19. ——原注
② 关于自在之物和本质的关系，参见 *Werke II*，Aufl. IV，S. 121。——原注

过程中消失。所谓物具有特性，意思是它在他者那里造成这个或那个作用，并且以一个特有的方式在它的关联中外化自身。只有以另一个物的相应状况为条件，才能证明这个特性，但特性同时是物所特有的，是物的自身同一的根基；正因如此，这种经过反映的质叫作特性。①

因此，康德的问题被完全颠倒了，准确地说，自在之物（康德的版本）被视为主观性要素出现，并被视为抽象反思的产物；自在之物"无非是一种摆脱了全部规定性的空洞抽象。对于这个东西，人们确实一无所知"②。这种辩证性的互动构成了"生成"这一要素。唯其如此，客体与主体之间的僵化对立才能以辩证的方式被消解；这就是为什么黑格尔在前文所引的第一个段落中指出这里的"实存屈从于存在的转变和变化"。不论是康德，还是他的同时代人都没有接受这一点。普列汉诺夫正确地指出，生成将自在之物的问题摆到了"十八世纪唯物主义者面前，而且这个问题对于当时的他们来说是无法解决的"。我们可以从上述引用的片段中很清楚地看到这一点。但普列汉诺夫也清楚地表明，唯物主义的认识论边界与其历史观（霍尔巴赫关于"灾难"的理论③）和社会观（公意和众意之间的两难关系）边界紧密相关。黑格尔在驳斥康德时，不仅展

---

① ［德］黑格尔：《黑格尔著作集第6卷：逻辑学 II》，先刚译，人民出版社2021年版，第105—106页。（卢卡奇原文注释标注为《精神现象学》，但引文来自《逻辑学》，系卢卡奇标注错误。）

② ［德］黑格尔：《黑格尔著作集第6卷：逻辑学 II》，先刚译，人民出版社2021年版，第107页。

③ Georg Plechanow（Hg.），*Beiträge zur Geschichte des Materialismus*：I. *Holbach*，II. *Helvetius*，III. *Marx*，1921，S. 51. ——原注

示了后者之概念中的矛盾，而且从其起源的意义上表明康德的概念来自特定的知识结构，而这种结构又产生于人类认识世界的特定阶段。只有通过这种对自在之物的辩证阐明，才能解决康德的矛盾，而康德对这样的辩证法是无知无识的，因此，上述矛盾对康德来说也就变成了不可解决的理论悖论。对于黑格尔来说，他从生成-辩证角度对康德的驳斥在他自己的理论内部还是纯逻辑的。也就是说，他证明了康德的现实概念是一种对于现实的典型的、可能的、必要的立场。但是，黑格尔仅仅给出了诸多正确的暗示，并没有提供这种哲学的具体生成过程和历史性的生成过程。只有被"颠倒"的历史唯物主义辩证法才能够做到这一点。只有它才可以从历史的角度将黑格尔解释中的正确部分具象化，并证明康德的现实概念不仅是一个可能的且典型的立场，而且是一个具体阶级地位的具体结果。

　　不可知论并非是被实验与工业驳倒的，而是被藏在表象中的辩证法阐释驳倒的。而且这种阐释本身也是社会存在得到彻底改革之后的产物，它的存在既得益于实验，又得益于工业，这在无产阶级的阶级意识里是很清楚的，同时也是这种发展过程的一个产物，并采用了自为的形式。因此，并不像鲁达什同志认为的那样：是茜素实现了自我认识。恰恰相反，随着工人阶级产生了自我意识，特定的范畴会将无产阶级意识扩展为一种涵盖了社会总体及其自然基础之关系的、包罗万象的辩证性意识，通过这些范畴的中介，自在-为我的关系得以获得合适的方法论，并丢弃康德以及很多其他旧的唯物主义者思想中所具有的不可知论特征。

　　实验与工业通过将自在转变成为我，由此驳倒了不可知论的哲学怪论。我们先假设它们能够做到这一点，然后想想它们这样做是为了谁。从逻辑上说，首先肯定是为了实验者自己。制造茜素的人肯定不会受到不可知论这样的哲学怪论的影响。但众所周知，事实并不是这样的。对于弗里德里希·恩格斯来说，自在之物的问题可通过历史唯物主义来解决与处理，实验确实是以辩证概念把握现实的一个例子。但对于实验者来说，如果他刚好并不是历史唯物主义的信徒，那么这一点就没那么不言而喻了。对于将自在之物转变成为我之物的实验来说，它仅仅是就其自身而具有辩证性质。为了说明它这种"为我"特征所具有的辩证性质，人们必须提供一些新的东西来予以证明，而这个东西正是历史唯物主义。自然研究者能够按照自己的需求展开大量精彩的实验，尽管如此，但他们依然坚持认为自在之物不可被认识，坚持马赫主义甚至叔本华哲学。列宁对这种情况认识得很清楚："这些教授们虽然在化学、历史、物理学等专门领域内能够写出极有价值的著作，可是一旦谈到哲学问题的时候，他们中间任何一个人所说的任何一句话都不可相信"①。要问为什么？原因就是实验者能够客观、正确地认识现实中部分的客观事物，但当其仅作为实验者时，他们远不能够以正确和辩证的方式对"表象世界"的现实性发表看法——尽管他可以对构成表象世界的部分作出正确的研究。就其本质上的局限而言，我觉得这种纯粹的实验可被描述为非"辩证-哲学意义"上的实践，是一种直观的态度。因此，只要它一直保持在直观的范围内，就无法克服自己

---

① 《列宁全集》第 18 卷，人民出版社 2017 年版，第 359 页。以上文本是卢卡奇从德波林的著作《列宁：战斗的唯物主义者》（*Lenin. Der kämpfende Materalist*）中转引的，因为他无法获得列宁的原作。

的局限。

如果将实验视作社会观和历史观上的范畴时，那么当前的直接性及其思维模式的局限性就会越发明显。这是可以理解的，因为：一方面，自然科学在方法论层面所秉承的实验的精准性将不复存在（在研究中，研究者严格分离出实验对象，并排除干扰，在"相同"条件下进行重复）。另一方面，更为清晰的（通常是无意识的）社会观念的纯直观特性就会显现出来。我们都知道，在工会官僚的术语中，俄国革命通常被称为一次实验。德波林出于对"精确"术语的偏好，同样借用了这个术语，并以缺乏实验的前提条件这一说法借题发挥。他说："在某些条件下，社会可能会成为实验的对象。自然阻断我们的脚步，使得我们无法弄清一些事物。实验者只能在狭窄的范围进行探索。在社会生活中，关系可能发生变化。因为在那里，我们人类自己主要是工作者与创造者。因为历史是由人创造的，而自然却并不是。列宁是一位伟大的独创性的实验者。他将每一个理论都付诸实际检验"①。在这里，僵化的工团主义官僚思想以对列宁的热情拥护为伪装，悄悄地进入我们的文本，他们自然不敢公开地反对俄国革命。但他们始终坚持将俄国革命理解成一次"实验"。当然，这也让他们得以摆脱任何类型的行动。只要"等着看"实验是否能成功就好了。如果实验"失败"，事物终会恢复之前的状态：尽管注射了抗毒素，兔子还是死了，但如果需要的话，还是可以再找一只兔子来，这样就能"观察"（也仅限于观察）抗毒

---

① Abram Deborin, *Lenin. Der kämpfende Materalist*, Wien: Verlag für Literatur und Politik, 1924, S. 10. ——原注

素的效果了。对于现代自然科学中观察法的局限性,马克思在批判费尔巴哈直观的唯物主义时进行了格外的强调,德波林从资产阶级社会学中借用的"天才"方法与此相得益彰。我无法评断上述批判(马克思对费尔巴哈的批判)中的所有精彩之处。我只是引用了其中的第八条提纲:"社会生活在本质上是实践的。凡是把理论诱入神秘主义的神秘东西,都能在人的实践中以及对这种实践的理解中得到合理的解决。"① 秉持他一向全面清晰的思路,马克思在这里着重强调了对实践的理解是解开上述谜团的一个先决条件,对于直观思想来说,这些谜团无处不在。(他将费尔巴哈的"类"的概念批判为"一种内在的、无声的、把许多个人纯粹自然地联系起来的普遍性",见《关于费尔巴哈的提纲》。)②

上述种种并不会导向这样一个说法,"在实验中,拓展我们的认识的是引导着我们的观念,而非实验自身"③,这是鲁达什同志归之于我的一个观点;也不会得出以下结论,即因为这种拓展超出了实验者的局限,所以我要推行一种"无产阶级的物理学"或"无产阶级的化学"等。在所有人中,只有列宁犀利地指出了专门科学与哲学之间的差异。考虑到恩格斯是用实验来反驳"哲学怪论",因此,我们在这里也只讨论哲学问题,而我所质疑的也正是他哲学驳斥的正确性。我们清楚地知道(甚至鲁达什都承认这

①《马克思恩格斯选集》第 1 卷,人民出版社 2012 年版,第 135—140 页。
②《马克思恩格斯选集》第 1 卷,人民出版社 2012 年版,第 139 页。
③ *Arbeiterliteratur*,IX,S. 513. ——原注

一点①）康德没有质疑我们可以对认识加以具体的拓展。我们无法
想象康德会质疑牛顿追随者所提出的通过实验来拓展认识的观点。
（这会让我们想到彻头彻尾的康德主义者——亥姆霍兹②。）尽管如

---

① *Arbeiterliteratur*，IX，S. 511. ——原注　　鲁达什抱怨说："……令人不安的
是，卢卡奇同志似乎假定作为黑格尔专家的恩格斯竟然会了不解康德哲学。毫无
疑问，康德是一个不可知论者（尽管卢卡奇同志对此有所质疑）。按照康德的说
法，我们原则上永远无法了解世界'本身'，即自在之物。当然，卢卡奇同志十
分正确地主张，康德坚持表象世界可被认识。但这正是因为康德是半个唯物主义
者。普列汉诺夫和列宁明确肯定了康德哲学的妥协性，在此无须浪费更多笔墨。
然而，对于康德和马克思这样档次的思想家而言，他们完全会意识到自己所说或
所做的一切将产生深远影响。当他说'为了给信仰腾出空间，我不得不废除科
学'时，这并不是一句空话，也不是对政治权力的让步（就像今天一些康德的崇
拜者所说的那样），而是认真地表达自己的意思。他在某一点上并非不可知论者：
他的伦理学和他的信仰都与人格有关，人格同时代表着表象和'自在'之物，用
黑格尔-卢卡奇主义的话来说，就是'自为的东西'。但康德在其他各个方面都废
除了科学的原则：因此，他是不可知论者。而在前文所引的段落中，恩格斯所谈
及的也仅仅是上述意义上的不可知论。他说：康德和所有不可知论者一样，认为
世界'自身'，以及'自在'的事物是不可知的，但它们其实是可知的，只要我
们让它们服务于自己的目的。换言之，恩格斯的观点和马克思在《关于费尔巴哈
的提纲》中所阐述的第二条论题是一样的：'人的思维是否具有客观的真理性，
这并不是一个理论的问题，而是一个实践的问题。人应该在实践中证明自己思维
的真理性，即自己思维的现实性和力量，亦即自己思维的此岸性。关于离开实践
的思维是否现实的争论，是一个纯粹经院哲学的问题。'恩格斯也说了同样的话，
而且他根本没有提到，康德不承认我们的知识可以得到具体拓展。和其他任何阅
读过康德著作的人一样，恩格斯完全意识到了这一点。但恩格斯对康德的反对在
于：在表象世界中，我们这种知识上的（实践上和理论上的）拓展就是一切，除
此之外就没有什么需要知道的了。也就是说，表象世界就是一切。而'自在之
物'纯粹是一种'怪论'，如果我们认为它不是指我们还不知道但可以知道的东
西，而是指我们不知道也永远不可能知道的东西。以上就是恩格斯的意思，别无
其他。而卢卡奇同志的反驳则不是对康德不可知论的挑战，而是对唯心主义的辩
护和对唯物主义的'纠正'。如果这并不是卢卡奇同志的目的，那么他的反对不
过是一种吹毛求疵。"——英译者注
② 赫尔曼·冯·亥姆霍兹（Hermann von Helmholtz，1821—1894）是德国物理学
家、医生。

此，康德依然否认自在之物可被认识，因此，只能从哲学上来反驳他，而这无法仅靠实验做到。就像我们之前所表明的那样，对他的驳斥是从黑格尔开始的，并由马克思和恩格斯完成，后者从哲学角度阐述了什么是表象，以及自在和为我等概念在现实中的具体历史含义。（这种驳斥到底在多大程度上超越了哲学本身并不属于本文讨论的范畴。）

马克思通过革命实践来批判费尔巴哈，正如这一举措所证明的那样，要用哲学反驳所有的哲学怪论。如此一来，一个问题就出现了：实验（与工业）上的实践是否是这种意义上的实践，还是像我定义的那样，是思辨哲学意义上的实践？鲁达什同志认为他能够通过下列问题来反驳我："在哪里可以找到不构成观察之对象的实验呢？"① 确实。但是带着这个问题，鲁达什同志像他过去所做的那样，进一步证明了自己不懂辩证法。作为一名虔诚的康德主义者，他按照纯粹理性和实践理性的二元结构，将直观与实践行为对立起来。根据这个观念，所有事情都是革命性的实践，即便是土著捕猎袋鼠的行动，因为在鲁达什的思想王国里，只要是夜晚，那么所有牛就都是黑色的。那么有一点就变得让人费解了：为什么马克思要强调业已存在的"革命实践"是新兴事物，并将其与目前最发达社会（即资产阶级社会）中的直观做法对立起来（见《关于费尔巴哈的提纲》中的第四到十条）？费尔巴哈在自己的自然哲学中并未一以贯之地将自己的理论建立在唯物主义之上。为什么马克思要针对他，指出他诉诸感性直观（"他把感性不是看作实践的、人类感性

---

① *Arbeiterliteratur*，IX，S. 512. ——原注

的活动"[《关于费尔巴哈的提纲》的第五条])呢?由此,这里就出现了一系列问题:如果说费尔巴哈以及整个直观的唯物主义学派都不知晓这种实践,那么这种实践是否存在于实验(和工业)中呢?鲁达什在义愤填膺地批驳我时搬出了"最低级的黑市劳工(Schwarzarbeit)",他们是否能够"观察到他们行为的效果"①?他们是否在马克思《关于费尔巴哈的提纲》的意义上采取了实践的态度?鲁达什同志显然认为:如果夜勤人的行动都属于"实践"的范畴,那么娴熟劳动者和实验者的行动就更属于实践了。但在我看来,马克思不太可能认为夜勤人的行动属于革命实践或实践性的批判行动。因为,当他在前引文段中说起实践时,他强调实践之谜的合理答案存在于"人类的实践和对该实践的理解中"。我很难想象,马克思会认为夜勤人在做出摔打石头或其他类似的活动时对这些活动的观察就构成了对自身之实践的理解。与此相反,他只会从历史唯物主义角度出发,在对整个社会历史过程的认识中辩识出此种理解活动。这就是为什么马克思会首先阐述资本主义劳动分工如何促进劳动过程的自动化,并将工人的活动降低至为机器提供看护的水平,而且,与尤尔博士这位自动化工厂的品达不同,他随后强调随着资本主义对机器的大规模应用,以及现代工厂体系的建立,"自动机本身是主体,而工人只是作为有意识的器官与自动机的无意识的器官并列,而且和后者一同从属于中心动力"②(见《资本论》第一卷)。要想让人相信马克思能够将这种行动想象成革命实践、想象成是对费尔巴哈的超越,这实在是太滑稽了。

---

① *Arbeiterliteratur*,IX,S. 512. ——原注
②《马克思恩格斯全集》第 44 卷,人民出版社 2001 年版,第 483 页。

　　当然，革命实践的发展是以促进这一行动的社会存在为基础的。但是，正是通过工人对自己行动的社会、历史前提的不断认知，驱动他们行动和超越社会存在形式的客观经济发展趋势才得以被意识到，并且这种意识被拓展到革命实践之中，这不是自发的，也不是偶然的（对实践的理解：阶级意识）。实验者缺乏对自我行动之基础的这种意识，也就是说，如果他"恰好"是一个马克思主义者，那么他就有这种意识。（之所以说"恰好"，是因为他的阶级境遇不包含任何客观的、令他成为马克思主义者的社会必然性。）他观察到了部分的客观现实，在他所正确观察的范围内，他能得出科学结果，就像对于工人来说，如果他好好地服务于自动化机器且变成了机器的一个小小组件，那么他就能协助完成被布置下来的任务。这两个过程的物质基础都是辩证的，是客观辩证过程中的一个因素。存在于资本主义劳动过程和资本主义技术等事物中的辩证法甚至已经在历史唯物主义中成了一种辩证性的知识。但它们仅仅是自在地具有辩证性，而这种自在的存在状态无法通过采取直接性的意识形式来予以克服。实验者部分地将自在转化为"为我"状态，然而，他的行动对象及行动乃至于获取意识所需的范畴，都从属于一个作为整体的背景，这一背景的辩证特性并未以辩证的方式被意识到。即使这一整体出现，它被意识到时所带有的直接形式也不必然与其真实的内在结构相契合。例如，在一封给拉萨尔的信中，马克思谈及赫拉克利特和伊壁鸠鲁的体系只是"自在地"存在①，他强调，就算对于斯宾诺莎这样具有系统思想的哲学家，"他的体系

_____

① 《马克思恩格斯全集》第 29 卷，人民出版社 1972 年版，第 540 页。

的实际的内部结构同他自觉地提出的体系所采用的形式是完全不同的"①。以辩证的方式将"自在"转化成"为我",这一过程所需要的,远多于直接将其转换为意识的形式。

仅仅从事科学研究的人缺乏对自身行动之物质基础的认识。而且他无法仅凭其行动而为自己带来意识,更不用说让工人仅通过劳动过程和反抗雇主的自发性的基础斗争来获得阶级意识了,尽管这两个行动都构成了产生阶级意识之辩证过程的一部分。当然,更不可能有哪种哲学或认识论能够经常误导研究者得出最荒谬绝伦的结论,毕竟这些人已经在自己的专业领域创造了很大的价值。只有历史唯物主义才能带来意识。因为自然研究者就像任何其他正常人一样,都是自己所处之社会存在的产物。在他的思想中,那些个人化的、从阶级地位衍生而来的偏见都会对他产生影响,尤其是当他抛下自己的专业领域而专攻哲学的时候。但是这些都很难阻碍他在自己的专业领域获得客观正确的认识,将自在转化成为我。我更想说的是,他的意识同样取决于他的社会存在;尽管他认为自己在毫无倾向或偏见地面对客观现实和自然,但是他很有可能仍然深陷在社会存在所直接给定的形式中,他看不见这些形式,就像英格兰那些最引人注目的古典经济学家一样。自然科学的专业研究能够带来不带偏见进而客观正确的结果,但是依然有可能根植于社会与自然之间的代谢关系中,如上所述,这种代谢关系在我们这个过渡时期很有可能向革命转化。在历史唯物主义中,无产阶级对社会的认识作为自为的认识得到了表达,只有它才能解释清楚这里的问题。只有

①《马克思恩格斯全集》第 29 卷,人民出版社 1972 年版,第 540 页。

历史唯物主义才关心真正的起源，进而能找出我们所拥有的关于存在和意识之范畴的具体本质。

那些被认为具有自然性和永恒性的直接的思想形式可被解释为社会历史发展进程的产物。资本主义的历史变化进程以及历史进程中的资本主义阶段与自然之间的物质交换处在何种程度？这种程度的深浅决定了我们目前对自然的认识。而这些决定任何社会与自然间的代谢交换的范畴从何处开始，是留给个人探究的问题。这可能会表明，在今天显现为具有"永恒"性质的某些范畴，如直接取自自然之中的范畴（譬如物理学中的研究），实际上也是历史性的，由资本主义社会与自然之间特定的物质交换决定。马克思在笛卡儿有关动物的概念中发现其反映了生产形式发生变化及进入不同阶段（见《资本论》第一卷）[1]，他将拉美特利关于人类的概念视为笛卡儿派传统的直接延续（见《神圣家族》）[2]。考茨基也是这样，当他还是一个马克思主义者时，他认为"只要资产阶级还是革命的，灾难理论就还会主导自然科学；一旦资产阶级转向保守，那么这些理论将被无意识进步的理论瓦解。只要知道社会需求不仅影响社会科学理论，更会影响自然科学理论和整个的世界图景，那么也就不会对上述关联感到惊讶了"[3]。

---

① 马克思说道："顺便提一下，按照笛卡儿下的定义，动物是单纯的机器，他是用与中世纪不同的工场手工业时期的眼光来看问题的"（《马克思恩格斯文集》第5卷，人民出版社2009年版，第448页）。

② 马克思说道："拉美特利的著作是笛卡儿唯物主义和英国唯物主义的结合。拉美特利利用了笛卡儿的物理学，甚至利用了它的每一个细节。他的'人是机器'一书是模仿笛卡儿的动物是机器写成的。"（《马克思恩格斯全集》第2卷，人民出版社1957年版，第166页。）

③ *Neue Zeit*，XXIII，II，S.134. ——原注

　　如要认识自然科学及实验的物质基础，那么正如我所反复强调的，只有历史唯物主义才能使得存在于单一结果背后的"自在"的辩证性语境成为"为我"的辩证性语境。但需要补充的是，"自为"的"高级"范畴是无产阶级取得阶级意识的先决条件，也是不可放弃的。这种从自在到为我的转化是通过实验和工业而展开的，它包含了那种从实践上克服哲学怪论的质料。正如马克思在辩证性地消解资产阶级经济学时所强调的那样，辩证法自在地包含在其中，但也仅仅是以自在的状态。并且，他总是将正确的理论和错误的理论与它们的物质基础联系起来，说明为什么社会存在使一个人有可能准确地发现正确的联系，而对另一些人，社会存在又阻碍他们完整地理解矛盾，或意识到这些矛盾的辩证特性。

　　对这些论点加以论述之后，我们就不用再对作为革命实践的工业进行赘述了。鲁达什同志以退为进地对我横加指责，因为在质疑恩格斯时，我将工业与资本主义等同起来了。（我承认，使用"资本主义工业"一词可能更加准确。）他声称："在任何情况下，工业是否具有资本主义性质根本是不重要的"。他说："从恩格斯所提及的工业一词之含义来看，共产主义下的工业所发挥的作用和资本主义下的工业，或任何其他社会类型之下的工业都是一样的。因为从这个意义上来看，工业是一种永恒的自然需求，如若没有工业，那么也就不会存在人与自然之间的物质交换。"① 首先，他对马克思的引用就是错的。马克思说："虽然使用价值或财物的生产是为了资本家，并且是在资本家的监督下进行的，但是这并不改变这种生

---

① *Arbeiterliteratur*，IX，S. 514 - 515. ——原注

产的一般性质。所以，劳动过程首先要撇开每一种特定的社会的形式来加以考察。"① 对于马克思来说，这是从方法论的角度实现"合理抽象"，这样他才能开始其研究，进而得出令历史现实得以实现再生产的全部规定性要素。我们可以将恩格斯的文段与这种方法论上的抽象关联起来。如果说要用工业实践来反驳哲学怪论，那么只能由现实中的工业来完成，而不是关于使用价值之生产的抽象概念。其次，我并不认为在此种具体的关联中，将现实的工业等同于资本主义下的工业是一种误解。

每当马克思具体地谈论工业时，他都明确地指向资本主义下的工业。下面我将跳过有关劳动分工的段落，仅简略地谈谈他对机器的看法。马克思对机器的看法之所以引人好奇，是因为：与机器的合作并不是一种超历史的劳动形式，至少在资本主义和社会主义中，机器会发挥相同的作用；在社会主义下，人们自然还是要与机器合作。我仅引用一些重要的话：

> 甚至减轻劳动也成了折磨人的手段，因为机器不是使工人摆脱劳动，而是使工人的劳动毫无内容。一切资本主义生产既然不仅是劳动过程，而且同时是资本的增殖过程，因此都有一个共同点，即不是工人使用劳动条件，相反地，而是劳动条件使用工人，不过这种颠倒只是随着机器的采用才取得了在技术上很明显的现实性。由于劳动资料变成了自动机，所以它在劳动过程本身中作为资本，作为支配和吮吸活劳动力的死劳动而同工人相对立。正如前面已经指出的那样，生产过程的智力同

———————————
① 《马克思恩格斯全集》第 44 卷，人民出版社 2001 年版，第 207 页。

体力劳动相分离，智力变成资本支配劳动的权力，是在以机器为基础的大工业中完成的。①

以及：

> 这正是经济学辩护论的主要点！同机器的资本主义应用不可分离的矛盾和对抗是不存在的，因为这些矛盾和对抗不是从机器本身产生的，而是从机器的资本主义应用产生的！因为机器就其本身来说缩短劳动时间，而它的资本主义应用延长工作日；因为机器本身减轻劳动，而它的资本主义应用提高劳动强度；因为机器本身是人对自然力的胜利，而它的资本主义应用使人受自然力奴役；因为机器本身增加生产者的财富，而它的资本主义应用使生产者变成需要救济的贫民，如此等等，所以资产阶级经济学家就简单地宣称，对机器本身的考察确切地证明，所有这些显而易见的矛盾都不过是平凡现实的假象，而就这些矛盾本身来说，因而从理论上来说，都是根本不存在的。②

这些文段表明，马克思在研究生产力的具体形式时，总是牢记那包裹着生产力的"资本主义外壳"（kapitalistische Hülle）。很显然，这一资本主义外壳仅仅是一个外壳，在这一外壳背后（更好的表述或许是，在这个外壳里面）是那些带来资本主义，并最终导致资本主义之解体的客观社会力量，这些社会力量是有效的。然而，有人会从上述事实中得出"这一外壳具有'主观性'特征"的结

①《马克思恩格斯全集》第44卷，人民出版社2001年版，第487页。
②《马克思恩格斯全集》第44卷，人民出版社2001年版，第508页。

论，如鲁达什和康德主义者，他们会困惑于马克思为何如此强调"资本主义外壳"。但主张唯物辩证法的学者会知道，资本主义外壳同样是客观现实的一部分（正如黑格尔所说，表象是本质的一个环节）。然而，只有以辩证性的方式来正确地从整体上认识它具体的规定因素，才能把握其客观性的类型和程度，以及个别因素之实现的类型和程度。经由这种正确的辩证性知识，这种资本主义外壳被视为外壳。即是说，关于其社会规定性的知识不会使得它变成单纯的幻象（某种主观的东西），认识到它的暂时性也不会改变这一事实：这（资本主义外壳）是我们时代的工业所采取的一种具体形式，而工业的实质也只能在概念层面上同这种外壳区分开来。这是因为此种外壳的存在与我们之社会存在的最基本的形式（工厂中带有分工的机器生产，工厂分工与社会分工等）密不可分。通过历史唯物主义，我们可以进入那真正扬弃了此种存在形式的社会发展阶段（《哥达纲领批判》所描述的更高的共产主义阶段），但我们无法在思想中预先阻抑这样的发展。资本主义外壳在现实之中的消失只有在真实的历史进程中才能发生。也就是说，为了使资本主义外壳以具体且现实的方式消失，那些社会存在的范畴（资本主义的分工、城乡分异，以及脑力劳动和体力劳动的分离）必须得到变革。当然，这种变革也必须在很大程度上（也是在技术上）彻底地改变工业的具体形式（即技术与资本主义劳动分工的关系）。对于这两个阶段来说，只有农业工业的概念（der *Begrff* der Landindustrie）才保持为"合理抽象"的工业。

　　鲁达什同志的反驳，以及他对"资本主义外壳"所具有之辩证性质的无知，清楚地说明了他"无意中的意图"。他的误解建立在不符合逻辑与科学的基础之上，他的尾巴主义最终变成了一种对资本主义的辩护。他将资本主义外壳视为单纯的表象，人们只需要像揭开面纱一样揭开它，就能以具体的方式将"工业"理解为"客观的生产过程""人与自然间永恒的物质交换"，鲁达什同志的努力模糊了资本主义社会和共产主义社会的本质特征，他认为资本主义和社会主义的具体形态实际上是一样的。在他的想象中，他已经以某种唯物主义的方式把握了社会发展的过程，但实际上，他像所有的资本主义辩护士一样，忽略了资本主义中具体的历史规定性因素。在这里，他犯下了理论上的错误，这种错误和站在机会主义立场的工联官僚主义者一模一样，在 1918 年，他们声称自己处于"社会主义之中"（mitten im Sozialismus）。很显然，对于鲁达什和德波林来说，实践活动只不过是"社会与自然的斗争"①。除了资本主义下具有宿命论色彩的、完全由基础决定的发展过程以外，他们既没有能力，也没有意愿以其他的方式来构想社会发展的进程。他不愿离开那崇高的科学岗位，在这一岗位上，他作为"观察者"观察着受到法则约束的历史进程，从而可以"预见"革命的发展。至于现实的转变，在对他而言成立的意义上，这种转变已经由"基础"的发展所提供。而一切扰乱这种尾巴主义的平静的东西都被视为唯心主义、不可知论和二元论等。

　　在我对恩格斯的一处文段作出的评论中（引用了恩格斯自己的话），我指出了资本主义下的工业所具有的基本特性。很明显，我在这样做的时候并没有犯下鲁达什同志归之于我的愚蠢错误（他将

----

① *Arbeiterliteratur*，X，S. 639. ——原注

此种错误归之于我的原因现在已是可理解的了），即否认资本主义工业拓展了我们的知识。然而，我必须回到之前讨论实验时的内容。我们的知识所获得的这种拓展是否意味着对康德和其他思想家的"哲学怪论"作出了哲学性的反驳？我也在这里重复：如果他们坚持历史唯物主义的立场，不像鲁达什同志那样混淆了工业的抽象概念及其现实的历史形式，如果他们理解了资本主义工业发展中辩证性的矛盾，那么，对上述问题的回答就是肯定的。我们在前文中曾提出一个问题，而这个问题在这里更有意义了：为什么工业的发展不能将那些"实施"工业的人从他们所犯下的不可知论的怪论中解救出来？为什么这些人，不仅是资本的拥有者，更是那些事实上引领了工业进程的人，如工程师等，仍然成了不可知论这一怪论的受害者，甚至资本主义越是发展，他们的错误程度就越发深重？我们只能重复早先作出的回答：因为在阶级的层面上，他们会越来越难以意识到其存在所客观依赖的现实物质基础，因为他们所陷入的不可知论的哲学错误都是他们与其封建先辈进行阶级妥协的必要形式，因为他们是这样一种发展过程的承担者——"没有自己的意志也没有抗拒"，对主导社会发展的辩证法而言，他们是客体而不是主体。此外，他们的实践与"资本主义外壳"密不可分。

对于这一切，恩格斯比我更加了解。但正因为如此，我才在前述所引的文段中援引了恩格斯的早年著作来反驳我们在这里所分析的理论。因为在我看来，当恩格斯在其晚年以辩证法检视关于自然的知识时，他对辩证法的使用过于随意，以至于无法处理一些真正具体的问题。例如，他曾就辩证法的问题这样说：

可是，正是那些过去被认为是不可调和的和不能化解的两极对立，正是那些强制规定的分界线和纲的区别，使现代的理论自然科学带上狭隘的形而上学的性质。这些对立和区别，虽然存在于自然界中，可是只具有相对意义，相反地，它们那些想象的固定性和绝对意义，只不过是由我们的反思带进自然界的——这种认识构成辩证自然观的核心。①

现在，正如我们所看到的，恩格斯非常明确地强调了此种事态的社会特性，这正是黑格尔辩证逻辑中的关键部分。而这种本质论，正如恩格斯在致朗格的信（我们在前文中提到了这一文本）中所说，是黑格尔"自然哲学"的特征。然而这不仅是他的自然哲学，更是他的社会哲学。资产阶级社会的知识制高点，也就是"客观精神"正好处在自然与"绝对精神"之间，这一事实并不是偶然的，正如本质论处在存在论和概念论之间。这正是因为——当然，黑格尔并不知道这一点——在这里，是资产阶级现实的社会存在以及支配其发展的现实法则将其自身以概念性的方式反映在了本质论中。马克思在颠覆黑格尔哲学的同时拯救了它的真正核心，他的方法正是（去神话的）本质逻辑。因为在这里，那些纯粹意识层面的、被神话所神秘化的形式正是资产阶级之社会存在的反映（我希望有一天能彻底考察马克思与黑格尔逻辑学的关系）。

恩格斯部分地弃置了中介，这使他可以获得辩证的认识，而这一中介在客观上也是这一认知的一部分，对于恩格斯来说，这仅为一个"插曲"（Episode）。而且，如果这仅仅和恩格斯相关，那么人

——————————
① 《马克思恩格斯全集》第26卷，人民出版社2014年版，第16—17页。

们可以淡然搁置这个问题，或者让它成为无关紧要的历史、语言问题。然而，由于这种缺陷已经广为流传，甚至被提升到了马克思主义的理论体系之中，那么为了让辩证法流动起来，这些观点必须被清楚地记录。因为德波林和鲁达什的倾向是明确的：他们想用马克思和恩格斯的著作，把历史唯物主义变成资产阶级意义上的"科学"，因为他们无法放弃资产阶级社会的基本生活和历史观，也无法放弃历史进程的纯粹"基础"特性，因为他们……（手稿到此为止）

附录一

莫泽斯·赫斯与唯心主义
辩证法问题[*]

* 本译文主要以德文版《卢卡奇全集》第二卷为参照（Georg Lukács，*Werke 2*，*Frühschriften II*，Darmstadt：Hermann Luchterhand，1977），同时参考了英译本（Georg Lukács，*Tactics and Ethics：Political Writings 1919—1929*，tran. Michael McColgan，ed. Rodney Livingstone，New York：Harper&Row，1975）。为了便于读者理解，本译文也将英译本注译出。

在《共产党宣言》中，马克思和恩格斯对莫泽斯·赫斯提出了非常严厉的批评①，而许多人都尝试动摇他们的批判性论断②。其中一些人，如大卫·柯伊根（David Koigen）和埃米尔·哈马赫（Emil Hammacher）试图用"真正的社会主义"这把"刷子"来"粉刷"早年的马克思和恩格斯。③ 除了他们，即便是梅林也认为《共产党宣言》的"判决"过于严厉。在他看来，不能仅仅依据《共产党宣言》来看待"真正的社会主义者"④，尤其是赫斯。"可以以类似的方式声称：在当时的阶段，德国社会主义的实质恰恰是由《共产党宣言》所批判的对象构成的，而不是由《共产党宣言》的作者所作出的批判构成的——《共产党宣言》的作者从他们与德

① 在《共产党宣言》中，马克思批判"真正的社会主义者"不是从阶级的角度出发，而是从"人的本质"与"真理"等角度出发，且他们对资产阶级社会的批评往往被德国的保守主义者利用，用来反对在当时的德国尚具有进步性的资产阶级。在马克思看来，他们的社会主义是小市民、小资产阶级的社会主义。
② Theodor Zlocisti, *Moses Hess*, *Der Vorkämpfer des Sozialismus und des Zionismus 1812－1875*. Eine Biographie, 2nd completely revised edition, Berlin：Welt-Verlag, 1921；Moses Hess, *Sozialistische Aufsätze*, ed. Theodor Zlocisti, Berlin：Welt-Verlag, 1921. ——原注
③ 参见 David Koigen, *Zur Vorgeschichte des modernen philosophischen Sozialismus in Deutschland. Zur Geschichte der Philosophie und Sozialphilosophie des Junghegelianismus*, Berner Studien zur Philosophie und ihrer Geschichte, Bern, 1901；Ernst Hammacher, *Das philosophischökonomische System des Marxismus：Unter Berücksichtigung seiner Fortbildung und des Sozialismus überhaupt*, *dargestellt und kritisch beleuchtet*, Leipzig, 1909。——英译本注
④ 梅林曾说："马克思在《共产党宣言》上对'真正的社会主义'所作的严厉的裁判，却并不能充分表明马克思对它的态度。有一个时期，马克思认为尽管'真正的社会主义'有那样多的荒谬之处，但它还是能酿出好酒来的。"他还补充道：《共产党宣言》中的"这些话实际上是大大夸张了的，而对所涉及的这几个人来说是完全不公平的"。（参见［德］弗兰茨·梅林《马克思传》，樊集译，持平校，生活·读书·新知三联书店1965年版，第147页。）

国社会主义者共处的时代中发展出了此种批判。"① 作为对照，梅林指出，赫斯等人具有诚实、坚定的革命品格，以及恰恰是在德国"真正的社会主义"的阵营中，产生的投敌者比其他一切思想流派都更少："在当时，乃至今天的一切资产阶级社会主义者中，'真正的社会主义者'所具有的良知是最为强烈且清晰的"②。然而，这样的说法尚未涉及以下问题，即到底应当如何历史地对"真正的社会主义"进行定位和解释，因而更别说解决这一问题了。而这恰恰是我们在这里需要处理的。梅林的第二个观点则是，"真正的社会主义者"忠实地坚持了当时革命民主主义（revolutionäre Demokratie）的理想，坚持了为资产阶级革命。③ 然而，这种"传记性"的证据无论如何也不能弥补他们对待资产阶级之革命作用的错误理论态度。在本质上，这个问题关系到资产阶级革命和无产阶级革命的关系。这一问题突出地出现在马克思对拉萨尔的回应和拒绝之中，拉萨尔在政治鼓动中持有一种"托利党的宪章主义"

---

① *Nachlass*，II，S. 348. ——原注
② 参见 Mehring, *Karl Marx*, Leipzig，1919，S. 120；*Nachlass*，II，S. 349。——原注
③ 梅林指出，虽然"真正的社会主义者"总是"不分青红皂白地谴责自由主义，而这样做只能使政府高兴"。然而，"在他们的一切臆想受到死刑宣告的革命期间，所有的'真正的社会主义者'都一致站在资产阶级左翼方面。不用说曾经在德国社会民主派队伍中作战的赫斯，就是'真正的社会主义'的其他代表者，也没有一个人投到政府方面去"。换言之，他们在需要作出实践抉择的时刻放弃了自己对自由主义不分青红皂白的谴责，而是站到了进步的资产阶级，乃至无产阶级阵营。（参见［德］弗兰茨·梅林《马克思传》，樊集译，持平校，生活·读书·新知三联书店 1965 年版，第 150 页。）

（Tory-Chartismus）①。这一问题可以延伸到后续的一组"背反"（用非辩证的术语来理解）之中：一方面是孟什维克在 1905 至 1917 年间对待资产阶级和无产阶级革命的态度②，另一方面则是那些以"纯粹的无产阶级革命"③ 自我标榜的人（如共产主义工人党［Kommunistische Arbeiterpartei，KAP］和卢森堡学派中极端左翼的经济主义分子）所主张的理论态度。然而，只有在列宁的革命理论（这一理论甚至在今天也广受误解）中④，对这一问题的真正的理论解答才得以出现。在行动的时刻，赫斯放弃了自己的理论⑤。这一事实不仅说明他具有坚定的革命品格，更说明他与当时德国革

---

① 参见恩格斯于 1865 年致马克思的信。——英译本注　此处英译者提到了恩格斯于 1865 年 2 月 13 日致马克思的信，更具体的阐释可参见中文版《马克思恩格斯全集》中的注释："托利党宪章派或托利党慈善家是参加十九世纪四十年代初建立的'青年英国'社的英国政治活动家和著作家（迪斯累里、波尔斯威克和弗兰德等人）。托利党慈善家表达了土地贵族对资产阶级的经济和政治实力增强的不满，他们采取蛊惑性的手段，企图把工人阶级置于自己的影响之下，利用他们来反对资产阶级。马克思和恩格斯在《共产党宣言》中把这个集团的观点评价为封建的社会主义。"（《马克思恩格斯全集》第 31 卷，人民出版社 1972 年版，第 627 页。）

② 在这一问题上，孟什维克对社会主义革命持怀疑态度，主张俄国沿着资产阶级宪政的道路发展。

③ 例如，德国共产主义工人党认为议会斗争是机会主义的斗争方式，主张通过暴力革命来实现无产阶级专政，通过摧毁工会为革命开辟道路，不作任何妥协。列宁曾在《共产主义运动中的"左派"幼稚病》一书中批评了该党。

④ 可参见我自己的作品：*Lenin. Studie über den Zusammenhang seiner Gedanken*，Berlin-Vienna：Malik-Verlag，1924（English translation，*Lenin. A Study on the Unity of his Thought*，London，1970）。——原注　该文本的中文版可参见［匈］卢卡奇《列宁：关于列宁思想统一性的研究》，张翼星译，远流出版事业股份有限公司 1991 年版。

⑤ 赫斯积极参与 1848 年革命以及其后的一系列无产阶级运动。此处卢卡奇说赫斯"放弃了自己的理论"，指的便是虽然赫斯从"真理"和"人的本质"（而非无产阶级）出发，且对资产阶级社会进行不加保留的批评，但在政治实践中依然支持资产阶级左翼运动和工人运动。

命运动的各个组成部分之间并没有什么清晰的分别，也在实践层面
上说明其实并没有什么真正的选择：如果不准备在资产阶级民主的
左翼战斗（这意味着与越发转"右"的资产阶级发生不断的冲突），
这些人必然会走向反动。《共产党宣言》对赫斯等人的理论所作的
批评完全是正确的。如果按照其理论逻辑发展下去，那么他们的理
论只会将他们带入反动派的阵营。只有在两个方面，这种批评还不
够准确：第一，它低估了赫斯之理论的无根性；第二，它没有考虑
到赫斯的空想性是如此严重，而且非常清晰的一点是，他对资产阶
级的批判无非是将英国和法国的经验翻译成纯粹唯心主义辩证法
（idealistiche Dialektik）的语言。以至于一经与革命的现实接触，
它就融化了，其作为一种理论的价值消失得无影无踪。正如我们所
看到的，以"传记性"的证据来动摇《共产党宣言》对赫斯的批判
恰恰说明了这种批判的正确性。在拉萨尔那里，上述问题再一次出
现①，且证明了《共产党宣言》的批判在实践上也具有价值。

　　说到这里，让我们回到梅林的第一点。如果我们想要将"真正
的社会主义"理解为德国 1848 年前历史境况的产物，那么我们必须
从以下前提出发：这是一场知识分子的运动。在吸取既有的英法工人
阶级运动之经验这一方面，它和后续由知识分子组成的革命运动之间
并无差别。在进步的知识分子圈子中，他们意识到旧社会正在解体，
而在这种意识出现时，他们还没有找到一种能够恰当表达这一解体过

---

① 正如上文所述，马克思与恩格斯将拉萨尔的理论称为"托利党的宪章主义"，意
　为其易被保守主义阵营挪用而反对资产阶级进步派。在这一点上，拉萨尔与以赫斯
　为代表的"真正的社会主义者"相类似。

程的现实社会运动（如俄国的民粹派［Narodniki］①，东方的知识分子运动［Intellektuellen-Bewegung］）。知识分子往往依赖于既有的更先进的社会发展形式的经验，这种现象是完全可理解的。无论如何，这种经验总是（不仅在革命时期）知识分子生活于其中的社会环境的一部分，并在他们的物质与智力发展过程中扮演了一定的角色。对"真正的社会主义者"而言，其特殊之处仅仅在于，他们是在一个社会分化相当不发达的阶段从事自己的工作的。在这个社会中，阶级分化还不明显，但其工作的意识形态基础（尤其是在社会知识领域）已经非常发达。这种高度发达的意识形态由什么组成呢？一方面，是英法空想主义者的社会批判理论，它源于资产阶级革命所带来的巨大的政治与社会变革，并反过来导致了无产阶级的出现以及无产阶级最初的起义。另一方面，"真正的社会主义"与资产阶级所达到的最高的意识形态水平——德国古典哲学和黑格尔的辩证法——相关，事实上它在黑格尔主义的解体中扮演了积极的角色。

然而，"真正的社会主义"的思想源泉并未包含资产阶级的另一项至高学术成就，即英国古典经济学。这并不能单纯用德国经济的落后来解释。事实上，即便我们完全忽略马克思和恩格斯对资产阶级社会的批判，洛贝尔图斯②的"社会主义"也非常关注古典经济学的问题，尤其是西斯蒙第对古典经济学的批判。但赫斯的情况

---

① 民粹派诞生于1848年革命后。他们之所以能体现文中所说的种种特征，是因为：他们一方面意识到了"旧社会"的解体，因而积极寻求社会变革的方案，但另一方面并未找到一种恰当的革新性的方案，因此转而依赖于既有的策略。例如，民粹派代表人物赫尔岑便将俄国传统的村社视为社会变革之愿景的可能蓝本。
② 卡尔·洛贝尔图斯（Karl Rodbertus，1805—1875）是德国经济学家，社会主义者，推崇劳动价值论。

又如何呢？他在与马克思和恩格斯亲身交往之后，已经在理论上相信了他们的方法，并随即尽自己所能地试图将这个新领会的领域纳入他的体系，并使之在智识上成为自己的一部分。然而，正是其经济学著作①最为清晰地表明，无论多么努力，他甚至都不能理解马克思和恩格斯对黑格尔之"颠倒"的真实意义，更不用说独立地对其加以运用与发展了。

是什么阻碍了赫斯理解马克思和恩格斯对黑格尔哲学的"颠倒"？事实上，正是黑格尔主义哲学本身。乍看之下，这是一个非常琐屑的，甚至是同义反复的回答。然而，一旦我们超出了处理这一问题的流俗水平，并以正确的方式对该问题加以把握（且我们必须这样做），那么上述回答的巨大重要性马上就会显现出来，它与黑格尔辩证法在马克思主义发展中所具有的历史与方法论意义上的重要性密切相关。这不应该被视为为赫斯"平反"。实际上这远远不是一种"平反"。正是通过提出这样的问题，我们才可以证明《共产党宣言》对他的批评在各个方面均是有效的；此外，赫斯有关工人阶级革命运动的理论也没有什么意义；事实上，即便是他在历史唯物主义之源起过程中所发挥的纯粹历史性的作用也往往被其崇拜者夸大，包括他的最新传记的作者西奥多·兹洛西斯蒂②。尽管如此，如果我们能利用其主要著作再版的机会对它们进行分析，并将其作为一种对照，那么这将

---

① 主要是《论货币的本质》一文：„Über das Geldwesen"，in Püttmann's *Rheinische Jahrbücher zur gesellschaftlichen Reform*，I（1845），in Zlocisti's edition' S. 158ff.——原注 　卢卡奇认为赫斯的"无能"突出体现在《论货币的本质》这篇文章之中，此文的中译文可参见《赫斯精粹》，邓习议编译，方向红校译，南京大学出版社 2010 年版。

② 西奥多·兹洛西斯蒂（Theodor Zlocisti，1874—1943）是社会主义者，曾编辑赫斯的作品并促成其出版。

帮助我们以简要的方式阐明辩证法在从黑格尔到马克思的过程中所取得的真正进步。从这个角度来看，赫斯是一位并不成功的马克思的先行者，而且也是一个悲剧性的人物。因为他不仅在个人立场上是一位坚定而忠实的革命者，而且在所有的唯心主义辩证法学者中，他偶尔地与马克思的辩证法最为接近（在某些层面上，例如，在将费尔巴哈与辩证法相整合这一方面，他甚至比深具理论家与政治家之天资的拉萨尔还要出色，而赫斯的很多局限性也束缚着拉萨尔）。究其本质，赫斯的精神分裂就在于他试图用黑格尔主义的方式来克服黑格尔，这就使得他总是落后于黑格尔。他对黑格尔之方法论的"解构"变成了真正字面意义上的解体。那些在黑格尔本人的思想中出现或被黑格尔超越的东西，以辩证的方式再度出现，以一种赤裸的、未被超越的方式出现。正如马克思所指出的，布鲁诺·鲍威尔（Bruno Bauer）和大卫·弗里德里希·施特劳斯（D. F. Strauss）的情况也是如此：一个是费希特主义的，而另一个则专门强调黑格尔体系中的斯宾诺莎痕迹。[①]

在本质上，赫斯对黑格尔体系的扭曲更具有费希特主义的色彩（尽管赫斯本人声称自己是斯宾诺莎主义的），不过他的费希特主义和布鲁诺·鲍威尔的完全不同。他未将黑格尔主义的客观性重新主体化——就像布鲁诺·鲍威尔的自我意识哲学所旨在实现的那样——而是试图克服黑格尔主义的沉思特质，并使得辩证法获得实践性。这种朝着实践性发展的趋势必定会导致向费希特的后退。而且，这并不是由认识论上的原因所导致的。例如，在费希特那里，思

---

① *Nachlass*，II，S. 247. ——原注

维本身变成了一种"本原行动"（Tathandlung），因为那是任何一种辩证法的本质所在（甚至并不单单在术语上）。如果辩证法要超越无生命的产物，如果它要回到它的生产过程并促成其解体，那么这一思维的过程就必须拥有一种积极的特质。在这方面，费希特和黑格尔的区别仅仅是语词上的。事实上，如果我们深入黑格尔逻辑学的核心，就会发现，除了采用更具有沉思色彩的术语之外，黑格尔比费希特要更加"实践"。语词上的区别掩盖了实质上的区别，这种区别就在于费希特著作中逻辑学与伦理学之间的方法论上的关联，但我们不能在这里深入探讨这一点。尽管赫斯有意识地为费希特哲学中的这一方面赋予一个更加主要的位置，但对于我们当下的分析而言，和哲学史相关的问题在客观上更加重要。在当下，我们分析的是黑格尔主义的解体以及赫斯被"引向"费希特的过程。

　　兹洛西斯蒂还指出了首先清晰且明确地指明这一问题的思想家：奥古斯特·冯·切什考夫斯基①②。在所有本质性的方面，切什考夫斯基仍然是一个黑格尔主义者，他的目标仅仅是完成黑格尔主义的

---

① 奥古斯特·冯·切什考夫斯基（August von Cieszkowski，1814—1894）是波兰哲学家，其《历史哲学引论》（*Prolegomena zur Historiosophie*）一书，尤其是其中对"行动"的论述对赫斯产生了深远影响。

② 见切什考夫斯基的《历史哲学引论》一书（Cieszkowski，*Prolegomena zur Historiosophie*，Berlin：Veit & Co，1838），还可参见赫斯匿名发表的作品《欧洲的三头政治》（*Die europäische Triarchie*，Leipzig：Otto Wigand，1841），在该书中他曾对切什考夫斯基的作品加以评述。大致在同一时期，围绕《哈雷年鉴》（*Hallische Jahrbücher*）所形成的团体也试图对黑格尔加以历史化，但这些尝试与当前的讨论没有直接关系。关于这一点，更多的信息可以参见古斯塔夫·迈耶尔的文章《1848年前普鲁士政治激进主义的开端》（„Die Anfänge des politischen Radikalismus im vormärzlichen Preussen"，*Zeitschrift für Politik*，1913，VI，S. 10 - 11）。——原注　　《欧洲的三头政治》的序言部分已有中译文，被收录于前文所引的《赫斯精粹》一书。

哲学，而不是令其解体。他对黑格尔哲学最大的保留意见在于其历史哲学，在他看来，黑格尔历史哲学并没有提出关于未来的知识这一问题。① 然而，必须注意的是，切什考夫斯基提出的这个问题已经在费希特那里得到了回答。费希特所著的《现时代的根本特点》一书将历史划分为五个时代，其中的第三个时代是"绝对罪恶时代"（Epoche der vollendeten Sündhaftigkeit）。② 他也详细描述了其后两个时代的结构，它们都属于未来。③ 不能认为切什考夫斯基直接受到了费希特的影响，因为切什考夫斯基和其后的赫斯仍将其视为一个问题，然而，一向都是天真的独断论者的费希特却直接给出了答案。

切什考夫斯基和赫斯以一种更具批判性、更加辩证且更少形式化的方式提出了这一问题。这一事实表明，纵然他们被"引向"了费希特，但他们实际上都在努力超越费希特。而且从方法论的角度来讲，他们被"引向"费希特并不意味着简单回归费希特的立场。将未来作为辩证思考的对象，尝试以辩证法的方式具体地把握未

---

① 可参见切什考夫斯基的《历史哲学引论》（Cieszkowski, *Prolegomena zur Historiosophie*, Berlin: Veit & Co, 1838, S. 8 - 9）。在《欧洲的三头政治》中，这个问题已经被放在黑格尔主义乃至整个哲学的解体这一背景下看待。在序言开始处，赫斯写道："德国哲学已完成了其使命。托福，我们得到了全部真理。现在已是我们架起从真理的天空再次回到地上的桥梁的时候。如果没有桥梁，而任其两相分离，即便是真理，也始终停留于孤高之中，也会变得不是真理。正如不遵循真理的现实是坏的现实，没有被实现的真理也是坏的真理。"——原注 中译文见《赫斯精粹》，邓习议编译，方向红校译，南京大学出版社 2010 年版，第 9 页。
②《现时代的根本特点》一书及这一概念可参见《费希特文集》第 4 卷，梁志学编译，商务印书馆 2014 年版。
③ *Werke*, Ausgabe Medicus (Meiner), vol. IV, S. 11 - 12. ——原注

来，而且使之成为能用以对现在和过去作出评判的标准，这一切都是相较于费希特历史哲学的显著进步。在费希特的著作中，未来不过是对康德所说之"无限进步"的一种更具体的表达，因为绝对（超历史的）理性的要求尚未得到满足。相反，切什考夫斯基与赫斯试图辩证地以其具体的独特性来把握历史进程。其结果则是，对他们而言，未来成了一个像过去一样具体的时代。因此，对他们而言，有关未来的知识必将成为一个辩证的方法问题，而对费希特来说，历史的分析直接是从有关"绝对"的伦理概念中产生的。因此，即便他们在一些问题上具有根本的一致性，并且无论如何都依照自然法的观念来解释历史，但他们实际上从事着两项截然不同的工作：费希特接受了在18世纪仍是一个革命性概念的自然法并从这一概念中推导出他的哲学结论，而切什考夫斯基与赫斯则试图确立一种新的、具体的且通过具有历史性的方式衍生出来的自然法（"既得权利体系"[System der erworbenen Rechte]① 的方法论核心在许多方面都是对这一努力的实现）。

在后一种情况下，"未来"在方法论上被揭示为历史哲学之具体的、有意谋划的对象。这就使得两位思想家——赫斯与切什考夫斯基——的思想都和傅立叶的历史哲学产生了某种方法论上的相似性，而切什考夫斯基也对傅立叶有过多次引用。即便如

---

① 可参见拉萨尔的《既得权利体系：实在法和法哲学的协调》一书（Werke，vols. IX–XII）。——英译本注　事实上，马克思也曾对《既得权利体系：实在法和法哲学的协调》这一著作加以评论。拉萨尔区分了自然法（非历史的、抽象的法，不解决具体问题）和实在法。拉萨尔指出由旧的法权确立的既得权利体系反映的是已经不存在的关系，且严重侵害了新的要求，因而新的法权可以废除既得权利。

此，正如我们旨在证明的那样，他们的问题仍在本质上源自费希特主义。这是因为，无论如何修订、如何进行历史化，依照自然法概念而进行的分析都因费希特主义的基础而必定肩负着一种不可能被解决的对抗，即超历史的原则和历史本身的对抗。此外，任何通过概念的辩证法来扬弃此种对抗的努力都只是徒劳。因此，他们在方法论上与费希特的相似性是非常明显的。因为对于未来的知识而言，即便它仅仅是关于本质的知识，而不是针对"实存之偶然事物的无限杂多"（unendliche Menge von seienden Zufälligkeiten）①的知识，也只有在以下情况下才是可能的：基础性的逻辑-形而上学范畴系统从过去、现在延伸到了未来。换句话说，关于整个系统（对逻辑的内在沉思）的真知识也必然包含关于未来的知识。然而，这就必然需要提高知识的纯粹先验性（apriorisch）、纯粹思辨性（spekulativ）以及由此而来的纯粹沉思性（kontemplativ），甚至将这些因素拔高到比黑格尔的体系赋予它们的位置更高的地步。

切什考夫斯基指责黑格尔"以后验的（aposteriorisch）方式展开"，并希望推进一种"先验演绎"（apriorische Deduktion）来加以反驳。与此同时，他的意图在于"使整个范畴体系以辩证的方式在历史之内发展"；他要求对内在于世界历史的逻辑进行系统的探索，而这与黑格尔相反，黑格尔"只能在思辨中发现它"②。而且他将未来推向现在，使得未来与现在如此接近并受其

---

① Cieszkowski，*Prolegomena zur Historiosophie*，Berlin：Veit & Co，1838，S. 10. ——原注

② Cieszkowski，*Prolegomena zur Historiosophie*，Berlin：Veit & Co，1838，S. 50 - 51. ——原注

制约，以至于对他而言，"任何的未来——无论多么的合理且融贯，都不能对现存的任何事物产生影响，而且这一未来必须在其'出现'（ein Bestehendes wird）之前就'已经存在'（ein Bestehendes sein）"①。

而这一切的结果却是，它实际上比黑格尔更严重地让辩证法唯心主义化和意识形态化。诚然，黑格尔所谓的"精神的自我满足（Sich-Selbst-Erreichthaben）"止步于现在，黑格尔的体系无论在其实质上还是在其意图与结果上都是反动的。然而，从方法论的视角看，拒绝迈出"更进一步"恰恰揭示了黑格尔伟大的实在论，他拒绝任何乌托邦式的图景，在他的理解中，哲学是历史本身的概念化表达，而不是关于历史的哲学。黑格尔经常因为此种与现实进行和解（Versöhnung）的取向而受到攻击（且这种攻击在一定程度上是合理的），这一取向在方法论层面源自从历史进程本身发展出范畴的想法，而且，只是因为其反动性的、对现实加以实体化的尝试，这种取向才从一种动态的原则（这种原则强迫现实前进）蜕化为一种静态的原则（这种原则旨在将当下的发展阶段固化为绝对）。在切什考夫斯基那里，以及在赫斯的《欧洲的三头政治》中，关于未来的知识具有克服此种实体化的功能。然而，在纯然通过概念的辩证法来寻求答案时，他们所做的恰恰是将黑格尔的辩证法从真实的历史进程中抽离出来，使之成为纯粹概念性和观念性的（远远超

---

① Cieszkowski, *Prolegomena zur Historiosophie*, Berlin: Veit & Co, 1838, S. 36. ——原注

过黑格尔本人），这没有可能消除"和解"方法中的反动因素。①

这并不仅仅是一种偶然。如果历史性现实的对象性形式（Gegenstandsformen）在概念性的先验方法中被发现，那么就只可能发生两种情况：要么现实被认为最终是非理性的，只能在"方法论"的意义上去接近那些范畴（可参见谢林的晚期作品）；要么理性与现实、范畴与历史、先验形式与经验质料必须以某种方式与对方"和解"。然而，这就涉及将一种由思想所确定的东西（Gedankenbestimmung）（这种东西不是从历史现实本身中发展而来的）应用于现实之上的尝试。这种和解的后果是不可避免的：要么现实必然被建构和扭曲，要么就只能在一种肤浅的意义上采用思想所确定的结构，将其应用在历史现实的经验现象之上，进而将这些现象提升到绝对之范畴的层次。因此，由于其抽象性和乌托邦主义，它不得不对现实中的现象作出更大的让步（比真正的辩证现实论作出的让步更大），它势必将当下的短暂形式实体化，势必让一切发展进行到当下为止，势必会变得反动。②

"和解问题"实际上成了黑格尔哲学中最成问题的一个向度：

---

① 如《欧洲的三头政治》中就有部分文段可例证这一点（Moses Hess, *Die europäische Triarchie*, Leipzig, 1841, S. 9, 37 - 38）。广为人知的是，拉萨尔也使用了"和解"这个范畴。他对该范畴的使用见于《科学和工人》这一演讲稿（*Werke*, vol. II, S. 258）之中。他对"和解"概念的使用具有方法论上的必然性，且此种必然性与赫斯如出一辙。——原注

② 蒲鲁东和傅立叶进一步例证了这一观点。至于切什考夫斯基，非常重要的一点就在于他所设想的未来——那个"行动的时代"（era of activity）与"国家生活充分形成"（the adequate formation of the life of the state）的时代相吻合。他和拉萨尔之间的相似性是很惊人的："完成了的国家的理念首先是工人阶级所拥有之产业的理念"（the developed idea of the state is above all the idea of the estate of the workers）。——原注

作为对其计划的违背，观念和现实并没有重合，因而理论和实践的二元论及自由与必然之间的"不可和解"仍然没有得到解决。将其置于一种哲学问题的发展历史中，则是黑格尔思想中的康德主义仍然没有被真正超越。切什考夫斯基声称，从历史问题中可以看到，由于认为"绝对"是不可达至的，黑格尔采取了一种类似于康德的批判性立场，但与康德不同的是，对康德而言，这种立场是其观念和体系的必然结果，而对黑格尔来说，这种情况则是"外在"的，并会对他的体系造成干扰。①

这一观察部分地是正确的。它表明谈论对黑格尔之真正局限的超越是一种自以为是。一方面，正如我已经表明过的，黑格尔终止于"当前"，这与其思想中最深层的动机有关，正是他的历史-辩证性的思考方式构成了此种动机。例如，在《法哲学原理》的序言中，他写道："哲学的任务在于理解存在的东西，因为存在的东西就是理性。就个人来说，每个人都是他那时代的产儿。哲学也是这样，它是被把握在思想中的它的时代。妄想一种哲学可以超出它那个时代，这与妄想个人可以跳出他的时代，跳出罗陀斯岛，是同样愚蠢的。"② 这比费希特-切什考夫斯基-赫斯-拉萨尔的构想更接近历史唯物主义的概念，在他们的构想中，历史被划分为各个连续的时代，其顺序则是由一个完美的体系作出了逻辑上的安排。

另一方面，切什考夫斯基对康德物自体问题的关注显然是正确

① Cieszkowski, *Prolegomena zur Historiosophie*，Berlin：Veit & Co，1838，S. 9. ——原注
② ［德］黑格尔：《法哲学原理》，范扬、张企泰译，商务印书馆1979年版，"序言"，第12页。

的，甚至比他自己所意识到的还要更正确。然而，正是从这种正确性中，我们可以看到"超越"黑格尔的尝试究竟将他引向何方。事实上，他被引向了一个比黑格尔更低的立场上。因为即便在康德那里，物自体的问题也同历史问题和生成问题（Problem des Werdens）紧密地关联在一起。① 以下这一点并不是偶然的，纯粹理性批判的先验辩证论（transzendentale Dialektik）导向了辩证法的先声，即不可解决的二律背反。在这样做的过程中，它表明以沉思静观的方式②把握现实最多只能是发现存在中蕴含的矛盾性的基础（widerspruchsvolle Grundlagen des Daseins），而无法指出如何解决此矛盾。即便是实践理性批判将解决这些二律背反的努力（亦即解决物自体问题的方案）转移到了实践的领域中，但它最终依然

---

① 关于这一问题，可参考我的著作《历史与阶级意识》，尤其是"物化与无产阶级意识"一章。关于康德与18世纪唯物主义的相似之处（可以说，二者在某些地方非常接近），可以参考普列汉诺夫的作品《历史唯物主义文集》（Plekhanov, *Beiträge zur Geschichte des Materialismus*，Berlin，1957，S. 20ff）。在康德和18世纪唯物主义者那里，事物的起源（origin）和生成（becoming）都表现为是不可知的。——原注

② 这一点在费尔巴哈身上体现得非常明显，他攻击黑格尔的"时间的排他倾向"（monarchist tendency of time），并在"宽容的空间"（liberalism of space）这一名义下展开上述攻击。可参见费尔巴哈的《黑格尔哲学批判》（*Zur Kritik der Hegelschen Philosophie*，*Werke*，Ausgabe Jodl，vol. II，S. 160 - 161）。——原注
此处费尔巴哈的原文是："黑格尔的精神是一种逻辑学上的精神，是某一种我可以说是昆虫学上的精神，也就是说，这一种精神仅仅在一个具有多数突出的节肢、具有深深的沟纹的躯体中有其相应的地位。这种精神特别显示在他对历史的处理上。黑格尔只注视和陈述各种宗教、哲学、各个时代和民族最突出的差异，并且只是就其处于逐步上升的过程中来加以陈述的；共同的、一致的、同一的东西完全退到背后去了。黑格尔的观点和他的方法所采取的形式，本身只是排他的时间，而并非同时是宽容的空间；黑格尔的体系只知道从属和继承，而不知道任何并列和共存。"（《费尔巴哈哲学著作选集》上卷，荣震华、李金山译，商务印书馆1984年版，第45页。）

无法正确地对这一问题进行合适的表述，因为作为个人行动的实践（这也是康德所知道的唯一一种实践）只能是伪-实践。这是一种无法动摇现实之基础的实践形式，因此，现实的对象性形式（被沉思地把握的）也没有被改变。它对待现实的态度使得现实未被改变，而且此种实践不过是某种形式化且主观的东西："应然"（Sollen）。现在，黑格尔非常敏锐地感受到了"应然"的空泛、超验和抽象。然而，黑格尔也无法具体地指出革命实践的真正主体。因此，除了拒绝"应然"之外，他也做不了更多，因而康德的问题也未得到解决。除了以"应然"的形式之外，黑格尔也无法设想对现状、对既有之存在的改变。在上述引文之后，黑格尔写道："如果它的理论确实超越时代，而建设一个如其所应然的世界，那末这种世界诚然是存在的，但只存在于他的私见中，私见是一种不结实的要素，在其中人们可以随意想象任何东西。"① 这本身就代表了一种相较于康德的巨大进步，因为它以具体的方式将"现在"把握为"现在"，将其把握为历史性进程的产物，且不再是一个本质上不会被改变的存在。

与费希特及其革命的乌托邦相比，黑格尔很早就在其作品中发展出了一种"理解存在的东西"（verstehen，was ist）的取向。最初，这种取向有力地指向未来。他关注于将"现在"理解为生成的产物和生成着的存在。例如，在耶拿时期，他写下了这样一条警句：

————————————

① ［德］黑格尔：《法哲学原理》，范扬、张企泰译，商务印书馆 1979 年版，"序言"，第 12 页。

努力！比今天和昨天都更努力；你不会比时代更好，但可以使时代变得更好。①

这是真正的历史性辩证法的萌芽（但最终，历史的辩证法被转译成了思想的辩证法）。其原因就在于，正是在"当下"，所有的对象性形式（forms of objectivity）都可以以一种具体的方式被揭示为过程，因为正是"当下"最清楚地表明了结果的统一性与过程的出发点之所在。考虑到这一点，对"应然"和关于未来的乌托邦思想的拒绝，以及聚焦于有关当下之知识（被辩证地把握）的哲学，的确就体现为唯一可能的认识论方法，这一方法可被用于把握那些真正可把握的、有关未来的事物。"当下"之内的种种趋势将会真实地、具体地驱使当下朝向未来。

然而，正是黑格尔的上述倾向、他的实在论、他对所有形式的乌托邦以及所有单纯形式的"应然"的拒绝，就变成了一种界限。这种界限不仅妨碍他走得更远，甚至迫使他走上了一条越来越反动的道路。作为这一取向的结果，他的"当下"丧失了指向未来的内在倾向，变得越来越僵化，直至走向一个僵硬、凝固的终局。它不再是辩证性的了。当时，他的法哲学面临的基础问题是由作为一个事实的革命所提出的。修改宪法被认为是必要的，但由于解决问题的方式是在宪法的层面上被采取的，换言之，是在形式的层面上被采取的，因而这一举措是内在于司法的；而在社会内容的层面上，

---

① *Dokumente zu Hegels Entwicklung*, ed. J. Hoffmeister, Stuttgart, 1936, S. 388. ——英译本注

这一举措则是在资产阶级社会内部所采取的①，它必然会越来越多地朝着这个非辩证的方向发展，尤其是当革命的"永恒"理性法则（revolutionary "external" law of reason）被否弃时。但费希特的法哲学则寻求在经验现实和实际掌权者面前确立理性法则这一保证，而黑格尔则试图在当代发展本身中寻找进一步发展的迹象。他越是真实地设想这个现在，越接近普鲁士容克贵族主导下的状态，他就越不能具体地认识到发展着的趋势，他就越是不得不将现状接受为绝对的，因而——从历史哲学的角度出发——使得全部历史进程都停顿在了"当下"。

因此，黑格尔哲学的结论就是扬弃了过程的过程性。无论是从历史的角度还是逻辑的角度来看，每一种抽象的僵化或"事物性"（Dinghaftigkeit）的形式都被融解在了一个具体的生成过程中，过程的过程性就凝固了，现实变成了单纯的产物，变成了一个"事物"。辩证法至此变为了另一种形而上学，这种变化深深嵌入了黑格尔的逻辑结构之中。经由此种变化，辩证法被消解为一种表象，并被变成一种虚有美丽外表的东西。黑格尔把他的辩证法的最高成就，即存在与生成的辩证法，降到了虚假运动的水平。但他同时认为，这将其提升为了一种自在的纯粹运动。他写道："概念的运动仿佛只能被看作一种游戏"②。因此，所谓的和解在黑格尔的体系

---

① 我们可以从这个角度来思考孔多塞（Condorcet）和西弗斯（Sièves），革命的资产阶级哲学在拉萨尔的《既得权利体系：实在法和法哲学的协调》中达到了顶峰。——原注
② 可参见《哲学全书》第 161 段附注部分。——原注　　中译文见［德］黑格尔《哲学全书·第一部分·逻辑学》，梁志学译，人民出版社 2017 年版，第 285 页。

建构中找到了自身之具体与历史性的表述，而此种表述显然在本质上是二元的。与早期哲学相比，它是针对康德之二律背反提出的解决方案；而如若往后看，那么它则是在更高的水平上重复了此种二律背反。除非那种真正的、辩证性的趋势（dialektische Tendenzen）可以被视为是有效的，是真实的，是当下的进程，除非"当下"能以真实的、辩证性的方式超越自身并延伸到未来，否则哲学的这种片面性就不可能被解决。这一点则是黑格尔未能做到的。因此，就导致他提出这一观点的动因而言，黑格尔的"和解"是其自我批判及其面向历史的现实论的表达（尽管是一种顺从的表达）。然而，就其方法论上的系统和客观的结果而言，它是一种将现实固定为绝对的尝试，并消除了辩证法。换言之，它是一条反动的原则。

因此，非常容易理解的是，在哲学上持激进立场的青年黑格尔主义者会试图解决这一问题。其超越黑格尔体系之逻辑局限的尝试是以下原因所带来的结果：黑格尔面对真实历史进程的态度必然地导致了这样的尝试，这种态度是在逻辑本身中发生并通过逻辑产生的（此种逻辑被认为是一种没有作出任何实质性改变的历史逻辑）。结果就是，对他们而言，未来变成了纯然沉思的对象。（关于未来的知识只有作为革命实践的对象才是有可能的，只有通过实践，它才会变成某种对我们而言真实且具体的东西。）过去、现在和未来确实表现出了同一水平的可理解性。然而，此种水平在更大程度上是一种纯粹认知意义上的水平，即辩证的三位一体在纯粹逻辑体系意义上的发展。这种关于未来的知识意味着黑格尔在过去和现在之间建立的辩证性关联已经消失。

　　这回到了费希特，并且跨过费希特回到了康德。赫斯在其《欧洲的三头政治》中构想的自由理论清晰地体现了此种回归。这一理论对于我们的讨论之所以重要，就在于无论如何，自由应当体现在与未来的积极性关联之中。按照赫斯的说法，"在黑格尔那里，被引入思辨的领域的，是后来和先前都只是过去，并受必然性支配"。赫斯说："我们之前产生的事物，即使它本身是自由地产生的，对我们来说，由于不是通过我们而产生的缘故，因而是必然地产生的。仅仅是通过我们而实现的东西，它本身，作为客体即使是具有必然性而产生的，对我们而言，即我们的意识这种重要的中心，也是具有决定它的实现的自由而产生的。"[1] 任何熟悉康德理论的人都会立刻意识到，在这段文本中，自由和必然之间出现了背反性的对立，自由具有纯粹主观性，自由与必然被转移到两个完全独立于彼此的领域[2]。所有这些，即便是以黑格尔的术语来表述的，但其精神完全是康德主义的。而赫斯已经落在了黑格尔背后，在黑格尔已经达到的阶段，自由与必然之间存在一种辩证性的统一。

　　由于这种基本态度，即便是那种以超越黑格尔的水平对辩证范畴加以历史化的尝试也注定要失败。最终，它变成了一种对各类有关历史阶段之范畴的任意安排，其中既没有范畴与历史阶段之关联的必然性，也没有某一历史阶段从其他阶段中产生的必然性。当然，这并不是要否认青年黑格尔主义者超越黑格尔的努力之真诚。

---

① Moses Hess，*Die europäische Triarchie*，Leipzig，1841，S. 14. ——原注　　卢卡奇此处提及的《欧洲的三头政治》中的文段大致对应于《赫斯精粹》中第 20 页的内容。

② *Kritik der praktischen Vernunft*（*Philosophische Bibliothek 38*），Leipzig，1915，S. 121 - 123. ——原注

他们中最激进的人完全意识到，如果一个单一的、本质上超历史的逻辑体系散布在历史之中，那么社会之内的转变就完全是一种幻象。然而，他们无法从这种激进的理解中得出必要的结论，这需要将黑格尔的哲学具体地应用于逻辑本身。切什考夫斯基的措辞是真正黑格尔主义的，"正如世界上的一切都受制于历史一样，历史反过来也受制于上帝"①。而赫斯对这一问题的处理则带有斯宾诺莎的基调。② 但这一问题的方法论维度仍然没有被改变。

对切什考夫斯基和赫斯的历史构想进行详尽的分析未免会令我们走得太远，以下这些问题，譬如切什考夫斯基是否把从黑格尔逻辑学中衍生出的机械论（Mechanismus）应用于古代、把化学论（Chemismus）应用于中世纪，并将有机论作为一个特别的范畴用于现代；或者赫斯是否将历史的三个阶段界定为"从大洪水到民族迁徙"，"从民族迁徙到法国大革命"，以及大革命后现时代的开始③，并将其作为超越黑格尔并真正历史化辩证法的尝试……诸如此类的问题谈的都是同一件事。在每一个事例中，我们都像在费希特的历史哲学中所看到的那样，发现了一种先验构造的、对历史阶段的逻辑描述，此种描述是经由内在于概念的区分得以发生的，随即被应用在了历史现实上（伴随着相当的暴力）。而在这一点上，

---

① Cieszkowski，*Prolegomena zur Historiosophie*，Berlin：Veit ＆ Co，1838，S. 69. ——原注

② 如《欧洲的三头政治》（Moses Hess，*Die europäische Triarchie*，Leipzig，1841，S. 148－149）就可证明这一点，在那里，斯宾诺莎被用于取代黑格尔。——原注

③ 在《欧洲的三头政治》中，赫斯说，"最初的大的时代从诺亚的洪水之后开始，以民族迁移而结束。由此开始第二个大的时代。接着在法国革命之后，即现在，开始第三个大的时代"（《赫斯精粹》，邓习议编译，方向红校译，南京大学出版社 2010 年版，第 29 页）。

此种操作的全部矛盾都暴露在了它的粗糙性之中。① 对于黑格尔本人来说，历史进程和逻辑次序之间的不融贯至少在一定程度上是在纠正蜕化为形式先验主义及其空泛建构的可能性。然而，对于激进的青年黑格尔主义者来说，他们认为唯心主义和形式主义的维度贯穿了黑格尔的整个体系及其结论；在这样做的过程中，他们放松了现实历史的辩证法与概念的辩证法之间的关联。尽管没有解决这一问题，但这已经在黑格尔的著作中被提出。②

历史哲学越是建构化，与历史现实的联系越松弛，那么它就越容易在基础上转向沉思。这样一来，被赫斯作为思考之核心的"行动"也就不那么能成为真实的实践了，也不那么能起到革命和改变现实的作用；因此，哲学也必然会屈服于康德在方法上的二元论，即"纯粹理性"和"实践理性"的分离。我们已经确定了赫斯经由费希特退回康德的倾向，然而，越发显著的一点是，他试图将他对黑格尔的哲学上的"取代"作为社会主义的哲学根基。在这里，理论和实践的二元论预设了一种二元论的形式，此种二元论发生在以下两者之间：一侧是历史运动，其"使命"是实现真正意义上的社会主义；另一侧是关于这一运动的哲学理论，它旨在给予这一运动以清晰性和方向性，并解释其真实的目标所在。

---

① 通过格律恩，这种"费希特化的黑格尔主义"同样影响了蒲鲁东。在《哲学的贫困》中，马克思非常尖锐地揭示了此种做法的矛盾。——原注
② 在与罗森克兰兹的论战中，相较于切什考夫斯基，拉萨尔将机械论、化学主义和有机主义视为适用于任何时代的一般性逻辑范畴。这确实让他克服了切什考夫斯基的抽象图式，但代价就在于，他将逻辑与历史的关系回溯到黑格尔逻辑学的层面（而不是一种在本质上更具历史性的现象学或特定的学科）。可参见拉萨尔的《黑格尔与罗森克兰兹的逻辑学》（„Die Hegelsche und die Rosenkranzsche Logik", *Werke VI*，S. 50ff）一文。——原注

　　必须强调的是，这种二元论存在于当时的工人运动之中。而且，不仅是在社会运动还不发达的德国，甚至在法国和英国，社会革命的理论和无产阶级的革命实践仍旧没有结合起来。在马克思和恩格斯之前，没有社会主义理论家能够在无产阶级自身的社会存在中看到这一进程，只有当这一进程的真正的辩证法被意识到时，它才能成为关于革命实践的理论。① 在这一点上，社会主义理论的核心问题在 19 世纪 30 年代爆发了出来，赫斯"取代"黑格尔而形成的理论陷入了死胡同，这一点变得非常明显。尽管在他的想象中，他已经通过将未来纳入逻辑的三元体系实现了对黑格尔的超越，但他所做的最多不过是一些抽象的、乌托邦式的一般化概括。而他付出的代价则是高昂的：他的理论上升到了一个范畴的层次，并以社会主义和无产阶级的二元论（是当时无产阶级运动尚未得到充分发展的状况造成了此种意识形态后果）延续了理论和实践之间的二元论②；哲学被迫与这样的现实和解。在他为社会主义提供哲学基础的首次尝试中，他谈论了旧的宗教和政治的二元论。对他而言，对二元论的打破意味着"革命与批判"③ 的开始。他没有意识到这只

① 在《哲学的贫困》中，马克思描述了这种二元论，分析了造成这种二元论的原因及解决方案。——原注
② 赫斯虽然认同社会主义，且对无产阶级保持同情，但他并未将阶级视为历史发展的动力，因而此处卢卡奇认为他抱有一种社会主义和无产阶级的二元论，从而未能统合理论与无产阶级的革命实践。
③ „ Die Philosophie der Tat", see Zlocisti, S. 47. ——原注　　赫斯认为宗教和政治都是二元论的体现，这种二元论亟须打破："统治和它的对立面的服从，这就是宗教和政治的本质，并且这个本质表现得愈完备，宗教和政治的形式就愈完美……二元论达到这样的高度，不能再保障下去。这是急变。即，这是革命和批判主义的开始。"（《行动的哲学》，载《赫斯精粹》，邓习议编译，方向红校译，南京大学出版社 2010 年版，第 93 页。）

是以新的形式再现旧的二元论。相反，他甚至试图保持这种哲学的纯洁性、科学地位和客观性（应当记住，这种哲学本应该导向"行动"）。在他对洛伦兹·冯·施泰因（Lorenz von Stein）的批判中，他抨击施泰因道："他令人腻烦地重复共产主义和无产阶级之间的关联。"（除了这一点外，赫斯的其他批判都是很值得称道的。）他说①："这正是施泰因从共产主义获得的唯一具有生气的方面。与此相反，在无产阶级的要求的正当性成为问题的地方，他就罗列若干哲学的华而不实的语言，然后悄悄地从中逃遁出来。他之所以不能达到对这一问题的理解，显然是因为其论证的薄弱。的确，这种理解只有通过对共产主义和社会主义及其科学的联系的洞察才有可能，而如前所述，他是完全欠缺这种洞察的。"②

赫斯不可能完全意识不到他的方法是有问题的。他不断地尝试改变自己的体系，并且常常借鉴马克思的思想，这就说明他意识到

---

① „Sozialismus und Kommunismus"（《社会主义和共产主义》），see Zlocisti，S. 72. 即便在阅读了马克思和恩格斯在《德法年鉴》中提出的观点后，赫斯的立场也没有改变。可以参见他从"外部"和"内部"推导出社会主义之起源的做法："外部"即无产阶级的本质；"内部"即从马克思的《黑格尔法哲学批判》中浮现出来的那种科学的必然性，他确实在自己的文章中引用了《黑格尔法哲学批判》。可参见他的文章《论德国的社会主义运动》（„Über die sozialistische Bewegung in Deutschland"，in Grün's *Neue Anekdoten*，1845，see Zlocisti，S. 106）；关于进一步的论辩，即围绕"社会主义是穷人的问题"所产生的争论，可参见同一本书中的第 129 页，以及《社会之镜》（*Gesellschaffisspiegel*）杂志的导言，该导言曾为斯特鲁夫（Struve）所引用（*Neue Zeit*，XV/II，1896 - 1897，S. 269，etc）。——原注

② 以上可参见《赫斯精粹》，邓习议编译，方向红校译，南京大学出版社 2010 年版，第 120 页。赫斯认为施泰因强调共产主义和无产阶级之间的关联并无问题，但忽视了无产阶级的主张中成问题的方面。换言之，赫斯虽然承认无产阶级在一定历史条件下与共产主义相关，但就其本质而言，他仍然将共产主义和无产阶级分而视之，这也正是卢卡奇对他感到不满的地方。

了自己的方法论问题。然而，他仍然坚持这一观点（理论和实践之间的二元论），这一点可以用他的阶级立场来解释。赫斯站在革命的知识分子的立场上，对即将来临的社会革命持同情的态度。无产阶级的苦难构成了他在哲学上的出发点，无产阶级是他关切的对象，也是他斗争的出发点。后来，他甚至承认无产阶级自我解放的斗争是即将到来的、令人类从资本主义枷锁中解放出来的重要因素。然而，除此之外，而且比这更重要的是，理论、知识、哲学都居于无产阶级的斗争之上，它们是不偏不倚的、无私的，并取得了对正义事业的智识领导。① 对于不直接参与生产过程的知识分子来说，认为自身所处之领域超越了一切阶级对抗及自私的利益诉求，是一种非常典型的态度，知识分子的生存基础（无论是物质上的基础还是智识上的基础）似乎是作为"整体"的社会，而无关阶级分化（在任何社会中，阶级斗争越是不发达，知识分子就越容易被这样的幻觉捕获，而且越难将其看作一种幻觉）。因此，在他努力地试图识别并宣扬真理时，他声称自己并没有看到构建此种"真理"的社会基础。在 19 世纪 40 年代的德国，这种无阶级的、中立的幻觉特别容易出现，因为阶级分化还处在相当原始的地步，所以"知识分子"不太可能作为拥有独立利益的独立阶层而出现。例如，在俄国社会革命主义②发展壮大期间，俄国的知识分子便具有这种可能性。但即便在那里，这样的幻觉和无阶级的意识形态也依然出现

---

① 这一点得到了拉萨尔的积极回应，如他的演讲《科学和工人》（„Die Wissenschaft and die Arbeiter"）就对此有所响应，拉萨尔将其描述为"社会的两个对立的极点"（*Werke*，vol. II，S. 248）。——原注
② 社会革命党于 20 世纪初活跃于俄国，该政党倾向于否认阶级差异，主张建立民主共和国。

了。不过有一个重要的区别：社会革命党人的意识被一种彻头彻尾的虚假意识渗透——国家具有"超越"性，居于一切阶级之上。但在"真正的社会主义者"那个时代，资产阶级的空想思想家仍然公开且明确地宣扬资产阶级的利益（只需要想一想当时重要的法国思想家，就会清楚地看到这一点）。

如果理论因此而获得了一个超然于斗争中不同群体、等级与阶级的地位，那么一个必然的结果就是对当下的状况，尤其是那些反对社会革命的思潮作出道德化和道德主义的判决。这是因为，如果共产主义并不是无产阶级的阶级真理，如果它并不是从无产阶级的阶级处境中出现并作为无产阶级之处境的概念表达，如果与之相反，这是一种历史进程的"客观真理"，那么对"真理"的抵制要么是因为无知，要么就是因为道德上的卑劣。乌托邦思想试图解决前者（即"无知"）的问题。赫斯和他的伙伴则通过将经济原则划入"利己主义"的范畴来从道德上批判资本主义社会和资本主义生产体系。①

不可否认，"利己主义"的确在资本主义意识形态的发展中发挥了很大的作用；在这个意义上，将对资产阶级的批评与利己主义问题关联起来也并不完全是不恰当的。然而，必须牢记的一点就在于，对于资本主义意识形态的第一批伟大拥护者（如霍布斯、曼德维尔、拜耳②）来说，为建立新道德而发起的斗争是非常现实的。

---

① 参见„Über die Not in unserer Gesellschaft und deren Abhilfe"（《论我们社会中的贫困及怎样缓解贫困》），in Püttmanns Bürgerbuch，1845，in Zlocisti，S. 138；„Über das Geldwesen"（《论货币的本质》），in Zlocisti，S. 164，etc。——原注
② 皮埃尔·拜耳（Pierre Bayle，1647—1706）是法国哲学家。作为一名新教徒，拜耳在道德上力主宽容（尤其是宗教宽容），反对宗教迫害，重视个人良心。

对封建道德的斗争与整个资本主义意识形态的理论基石即古典经济学的确立之间存在着密切的关联。不仅如此，资本主义意识形态也为资产阶级的现实斗争提供了非常重要的武器。人们曾经非常坦率地宣扬道德上的利己主义，但在赫斯的时代，这种坦率已经消失不见了。这部分地是因为资本主义生产中日益增长的矛盾迫使资产阶级在道德上诉诸虚伪，使之越来越无法用清晰大胆的话语来表达此种意识形态；部分地则是因为古典经济学的发展剥夺了道德理论作为资产阶级之阶级意识的实践重要性。如果说曼德维尔还在用意识形态化的话语发声，那么斯密和李嘉图就把曼德维尔所要表达的东西用经济学术语加以具体化。在斯密的经济学中，"行为的利己主义"已经找到了非神秘化的表达，因而只有生活的"超经济"（außerökonomisch）方面才与资本主义意识形态上升期的伦理学有关（可参见斯密与沙夫兹伯里的关系）。

赫斯无法超越"利己主义"的道德谴责。尽管他将其描述为资本主义社会的必然产物，并且常常将其与社会的经济基础（他对经济基础的理解总有些流于表面）关联起来。事实上，这对于他的理论发展而言是致命的。他认为这是资本主义社会的必然产物，但仅仅将其理解为一种僵化的产物：他以形而上学的而非辩证的方式来看待利己主义。因此，他只能采取一种道德化的观点对此进行考察。而赫斯的社会主义，也就是他的辩证逻辑中那个"被知晓的未来"，也并非是从具体阶级斗争的真正土壤中萌芽的，而是从逻辑的对立中产生的。由此导致的结果是，这些对立和矛盾一旦被转换为纯粹的思想，那么就必然会在观念的层面上凝固为一种具有自主性的本质，未来只是作为一种现成的"解决方案"而与当前的问题相对。因此，在未来和现在之间不存在真正的中介：赫斯未能在构成"现在"的要素中发现到底是什么带来了问题，也没有认识到迫使"现在"前进并超越自身的力量。

他的态度在对施泰因的批判中表现得很明显。他写道："施泰因，通过对法国精神的错误把握，开始陷入重要的错误。在他所向往的平等的志向中，他仅仅局限于享受这种完全外在的物质的倾向。他自身囿于只看到唯物论的、抽象的人格将一个具体的内容给予自身这种最初的工作，为所谓的现代唯物论辩护，可见他只是以共产主义中无产阶级获得与所有者平等的享受为志向。但其中所消灭的享受与劳动的对立这一点，的确是共产主义的主要长处之一。只有在分裂的所有的状态中，享受才从劳动区别出来。共同体的状态，是认识自由的活动中真实的唯一的享受，是认识所谓的至善的哲学伦理学的实践的现实化。——反过来说，分裂的所有的状态，是利己主义和非伦理性的实践的现实化，一方面，否定了自由的活动及将其贬低为奴隶的劳动，另一方面，设定了取代人的至善性，把动物的享受作为与同样动物的劳动相适应的目标。施泰因还陷入了这种劳动和享受的抽象状态当中，除此之外，另一方面，共产主义——在其早期的代表者的精神中，这一点是自明的——早已成为现实中应有的东西，即已成为实践的伦理学。"①

这就是他在道德上对"当下"（Gegenwart）加以谴责的方式。在《行动的哲学》中，赫斯写道："我们十分清楚，一些温和软弱

_____

① Zlocisti，S. 70 - 71. ——原注　　该段落的中文翻译可参见《社会主义与共产主义》，载《赫斯精粹》，邓习议编译，方向红校译，南京大学出版社 2010 年版，第 118 页。

的哲学家失去行动的锐气，举着他们的第欧根尼之灯，在宗教和政治骗人的废料中探照，以便尽可能找到一些有用的东西。但是，为什么要从故纸堆中重新寻找可怜的破烂呢……"① 由于对"现在"抱有这样的态度，因而通往未来的唯一桥梁就是新的道德，它可以被转化为有效的行动。赫斯说："有人告诉你，人不可以同时侍奉两个主人：上帝和金钱。然而，我们要告诉你，只要人像人一样思考和感受，他就不必侍奉任何东西。爱其他的人，在精神中团结起来，你将在你心中拥有幸福的意识——正是你在你自己之上、在上帝那里苦苦寻求的那种幸福意识。组织起来，在现实中团结起来，你将在你的行动和工作中拥有你长期以来在你自己之外，即金钱之中所寻求的所有东西。"②

这段话揭示了费尔巴哈对"真正的社会主义者"，尤其是赫斯的决定性影响。费尔巴哈给予了他们一种新的、积极的道德来与"利己主义"的道德形成对立。对于马克思和恩格斯而言，他们从费尔巴哈那里得到的最多就是临门一脚，帮助他们铲除黑格尔唯心主义的最后残余，并以一种明确的、完全唯物主义的方案来改造辩证法。然而，赫斯和他的伙伴们（比起格律恩［Grün］和克利盖［Kriege］③，赫斯远没有他们那么全心全意）却接受了费尔巴哈思想中具有唯心主义之本质的那个部分。甚至马克思和恩格斯在早期也是批判地或不以为然地面对这一部分的。在 1844 年 11 月 19 日致

---

① Zlocisti, S. 43. ——原注　　该段落的中文翻译可参见《赫斯精粹》，邓习议编译，方向红校译，南京大学出版社 2010 年版，第 89—90 页。

② Zlocisti, S. 149. ——原注

③ 格律恩和克利盖均为当时较为典型的"真正的社会主义者"。

马克思的信中，恩格斯非常清晰地指出了这种差异。当时马克思正在与赫斯一道工作，而赫斯也刚刚完成了他的小册子《最后的哲学家》，这本册子是对施蒂纳和鲍威尔的抨击。提到施蒂纳时，恩格斯写道："可是，原则上正确的东西，我们也必须吸收。而原则上正确的东西当然是，在我们能够为某一件事做些什么以前，我们必须首先把它变成我们自己的、利己的事，也就是说，在这个意义上，即使抛开一些可能的物质上的愿望不谈，我们也是从利己主义成为共产主义者的，要从利己主义成为人，而不仅仅是成为个人。"①

　　当然，即便是赫斯也不是不批判费尔巴哈，甚至他的批判有时非常尖锐。例如，当他将马克思对德国之条件的批判应用于费尔巴哈时，他写道："费尔巴哈的《未来哲学原理》，不过是现在的哲学。但是这个所谓的现在，对于德国人来说，依然是作为未来，作为理想的现在。《未来哲学原理》，从哲学上、理论上阐述了德国、法国、北美，以及其他各国中成为现在的现实的东西，即既与市民社会对立，又成为市民社会的补充物的现代国家。"② 与此同时，赫斯意识到费尔巴哈的缺陷在于它忽视了人的社会性。因此，他认

────────────

① *Briefwechsel*，vol. I，S. 7. 顺带说一句，值得注意的是，黑格尔已经注意到了"观念"（ideal）和"利己主义的倾向"（egoistic interest）之间的关系，虽然是以某种神秘化的形式，而且被他的后继者放弃。可参见他在《历史哲学》中对"激情"（passions）这一概念的处理，以及在《精神现象学》中对"有用性"（useful）的处理。在这封信中，恩格斯既承认施蒂纳所具有的健康的一面，同时强调施蒂纳和边沁的相似之处，即同样对关于资本主义社会的资本主义理论抱有一种神秘化的依恋。（参见《马克思恩格斯全集》第47卷，人民出版社2004年版，第326—331页。）——原注

② Zlocisti，S. 192. ——原注　　该文本的中译文可参见《最后的哲学家》，载《赫斯精粹》，邓习议编译，方向红校译，南京大学出版社2010年版，第187页。

为费尔巴哈人类学中的人并不是现实的、具体的人。在他的文章《论德国的社会主义运动》中，赫斯论述："为什么费尔巴哈没有从他的体系中获得这些重要的实践后果？费尔巴哈说，上帝的本质就是人的超越的本质，而关于神圣本质的真正理论恰恰是关于人类本质的理论：神学就是人类学。这是真理，但不是全部的真理。需要补充的是，人的本质是社会性以及许许多多的个体为同一个目标、同样的利益而进行的合作。而真正的关于人的理论，真正的人道主义就是关于人类之社会化的理论。也就是说：人类学就是社会主义。"① 紧随其后，赫斯虽然承认费尔巴哈超越了作为个体的人，但仍不满于他将人的"类行为"（der menschliche Gattungsakt）主要界定为"思想"。赫斯正确地看到了费尔巴哈的不一致：他试图克服哲学的纯粹沉思性，却又承认"类行为"（Gattungsakt）在沉思之外的领域表达自身。他写道："我们无法理解为什么费尔巴哈会承认这一点，因为他的思考都是以正确的观念为出发点的"。

尽管曾作出这种有效的批评，在某些方面，与马克思和恩格斯对费尔巴哈的批评相当接近，且其中还交织着对青年黑格尔主义者同样尖锐的批评，然而，赫斯仍然匍匐在费尔巴哈著作中最薄弱、最观念化的部分面前：他的爱的伦理学。我们已经指出了那种决定赫斯在这方面之立场的社会因素：作为一个知识分子，他只是与革命的无产阶级结成"同盟"，却永远不能站在无产阶级的实际阶级处境中思考问题。在哲学上，这就表现在他不加批判地采纳了费尔巴哈关于黑格尔的辩证法，特别是他有关直接性与中介之关系的观

---

① Grün's *Neue Anekdoten*，1845；Zlocisti，S. 115 - 116. ——原注

点，而这是一种错误的理论态度。他说："费尔巴哈从正确的原则出发：令自身之本质异化或令自身得以发展的人是一切矛盾、冲突和对立的创造者。因此，思辨的中介完全是无意义的，因为实际上没有任何需要中介的东西，没有对立面的统一，在所有地方，只有人和自身的统一需要重新确立。"① 通过将异化的人确定为基督教的本质，费尔巴哈"找到了一切理论上的矛盾与冲突的根源——尽管他尚未系统地说明这一切矛盾与冲突是如何从异化的人那里产生的"。在这里，显然的事实就在于，尽管赫斯批评费尔巴哈缺少对社会维度的考量，但他尚未意识到费尔巴哈对问题的整个表述中存在的根本错误——我指的是他将宗教从历史过程中抽象出来，因而对宗教的社会-历史特征采取了不加批判的态度。对于宗教，他仅仅试图从人类学上加以批判和消解。在关于费尔巴哈的第七条提纲中，马克思准确地提出了这一反对意见："因此，费尔巴哈没有看到，'宗教感情'本身是社会的产物，而他所分析的抽象的个人，实际上是属于一定的社会形式的。"② 因此，按照马克思的观点，在这个意义上，费尔巴哈和旧唯物主义无异，都是站在一种资本主义社会的立场上（第九和十条提纲）。赫斯将费尔巴哈的哲学与英国先进的资本主义社会联系起来，由此，他也提出了马克思所提出的那种批判。然而，在他需要将自己对费尔巴哈的批判具体化时，他在每一个关键时刻都转入了费尔巴哈思想中最薄弱的方面，并将

---

① Zlocisti, S. 114. ——原注

② 可参见《德意志意识形态》。——英译本注　在英译本中，《关于费尔巴哈的提纲》附在《德意志意识形态》里。见《马克思恩格斯选集》第 1 卷，人民出版社 2012 年版，第 135 页。

其融入了自己的哲学。

赫斯追随费尔巴哈拒绝了黑格尔的中介概念，并试图将"直接知识"恢复到它应有的地位，这是他之所以被引入错误的方法论领域的关键所在。诚然，费尔巴哈可以抗议说，他所说的直接知识不应该与这一概念的较早版本相混淆（如雅可比的"直接知识"）。①然而，即便我们可以承认其直接知识概念的确与早先的版本不同，但在恢复"直接知识"时，辩证法的概念会丢失——而辩证法恰恰是黑格尔哲学最重要的成就之一，其中包含着进一步发展为唯物主义的可能性。这种可能性就在于：有可能既在现实中承认并肯定当前的社会现实，又仍然对其作出批判性的回应（且这种批判性的回应并不是道德主义的，而是在实践-批判活动的层面上）。诚然，这种可能性在黑格尔那里并不存在。但事实证明，这在方法论上对于社会主义理论的发展至关重要。在这一点上，马克思直接"接管"了黑格尔的方法论，清除了黑格尔唯心主义方法中的矛盾和不准确之处，并让它"用脚着地"。不管马克思是多么受益于费尔巴哈给他的灵感，他都拒绝了费尔巴哈对黑格尔的"改进"。与此同时，包括赫斯在内的"真正的社会主义者"则不加批判地追随费尔巴哈。"真正的社会主义者"从一开始就以费尔巴哈主义的方式淡化了黑格尔的影响，把他有关历史过程本身的客观辩证法扭转为纯粹的概念辩证法。在他们看来，费尔巴哈对黑格尔的反驳就像是一条走出死胡同的出路，而他们已经受困很久了（如果说拉萨尔的唯心

---

① *Zur Kritik der Hegelschen Philosophie*（《黑格尔哲学批判》），op. cit，S. 168. ——原注　中译文可参见《费尔巴哈哲学著作选集》上卷，荣震华、李金山译，商务印书馆 1984 年版，第 52—54 页。

主义辩证法反倒在许多方面比"真正的社会主义者"更加优越，那很大程度上是因为他抱有一种更加正统的黑格尔主义）。费尔巴哈对激进的青年黑格尔主义者所产生的巨大影响就在于，他们的方法论基础是相同的。就当下讨论的问题而言，这一方法论基础可以被表述为：他们都将中介视为纯粹概念性的东西。伴随着鲍威尔兄弟及其自我意识哲学，它变成了一个思想上的物神，成了世界历史的真正动力①；而费尔巴哈则否认它具有任何真正的历史客观性。

在《未来哲学原理》中，费尔巴哈论述道："只有那种不需要任何证明的东西，只有那种直接通过自身而确证的，直接为自己作辩护的，直接根据自身而肯定自己，绝对无可怀疑，绝对明确的东西，才是真实的和神圣的……黑格尔哲学说：一切都是凭藉中介的。但是一个东西只有当它不再是凭藉中介的东西，而是直接的东西时，才是真实的……那种以自身为中介的真理，还有带着它的对立物的真理，是从这对立物开始的，不过这种对立物后来被扬弃了。可是如果这种对立物是一种将被扬弃的，将被否定的东西，我们何以还应当从它开始，何以不应当立刻就从否定它开始呢？举个例子来说：作为上帝的上帝是一个抽象的实体，他异化，确定化，实在化成为世界，成为人类，这样他就具体了，这样他才否定了抽

---

① 赫斯一以贯之地拒绝关于自我意识的哲学，但往往比他自己所想的与自我意识的哲学更加接近。因此，在确立《行动的哲学》的方法论基础时，他写道："变化，生活的不同的方面，不能被理解为行动之法则的变化（change in the law of activity），不能被理解为客观上不同的生活，而只是自我意识上的不同。反思将一切颠倒过来，断言一种相反的命题：'客观生活具有不同的方面，而自我总是相同'。"赫斯的康德主义与费希特主义的唯心主义在以下事实中得到了揭示：他可以看到此处的困境，但并没有思考这样一个问题，作为一种方法论上的可能性，这两个因素可以进入同一个辩证互动的过程并相互修正。——原注

象实体。但是我何以不应当立刻从具体事物开始呢？何以那种通过自身而确证和证实的东西不应当比那种通过对方的虚幻而确证的东西更高些呢？什么人才能将中介作用提高为真理的必然性，真理的法则呢？只有自身还沉陷在待否定的东西里面的人，只有还在与自己冲突，矛盾——还没有与自己弄清楚的人。"①

由此可以得出，存在与本质的同一是直接知识的唯一真实的认识论基础。同时，作为一个诚实的思想家，费尔巴哈发现自己不得不承认："只有在人的生活中，而且只有在不幸的，反常的情况之下，存在才会与实体分离——才会发生一种情形，即并非在有了他的存在的时候也就有了实体，而正因为这个分离，所以当人们实际存在，即具有肉体的时候，并不也就真正存在，即具有灵魂。只有你的心灵存在的时候，你才存在。但是凡是实体——违背自然的情形除外——存在的地方，就是事物存在的地方，就是说：事物的实体不是离开它的存在的，事物的存在不是离开它的实体的。"②

———————————

① ［德］费尔巴哈：《未来哲学原理》，洪谦译，生活·读书·新知三联书店 1955 年版，第 61—62 页。

② „Grundsatze der Philosophie der Zukunft", *Werke*, vol. II, S. 301.（中译文见［德］费尔巴哈《未来哲学原理》，洪谦译，生活·读书·新知三联书店 1955 年版，第 46 页）。存在和本质的同一，连同其极具特色的保留，与我们在赫斯的工作与享乐的同一中发现的那种乌托邦主义是一样的。这种相似性绝非偶然。相反，当一位思想家试图以纯粹概念的术语来解决一个社会所给予的矛盾时，它就必然会出现。有趣的是（即便我们不能进一步地处理这一问题），事实证明，乌托邦主义者和资本主义的辩护士都面临着相同的逻辑后果。因此，庸俗的经济学家被迫在消费和生产之间建立起同一性（正如我们将说明的，这种同一性得到了格律恩与赫斯的认可）；因此，黑格尔也被简化为试图以一种类似的乌托邦方案来处理在资本主义社会中具有根本性的意识形态事实——如道德和法律（转下页）

如此一来，中介就不再是关于存在本身的辩证结构的概念表达——作为此种概念表达，它包含了融解在彼此之中的对立面，而且会产生新的对立。它也不再是这样一种逻辑结构，在这种逻辑结构中，我们以概念的方式对存在的辩证过程加以再生产，由此而理解这一过程的结果（如果将其孤立地看待，那么此种结果必然会变成一种僵化凝固的产物，因而只能用形而上学的术语来理解），并真正将其作为结果而理解，且不是以一种静态的、形而上学的方式，而是以作为整体的过程为背景，就像在黑格尔那里一样。相反，这是一种形式化的手段，这一手段旨在直接地传达思想的内容。在《黑格尔哲学批判》中，费尔巴哈很清晰地阐明了这一点："思维是一种直接的活动，因为它是自我活动……证明不是别的，就是指出我所说的是真的，不是别的，就是使思想的外化回到思想的本源……证明的根据，只是在于思想对于别人所起的中介作用。当我要证明某事时，我就是向别人证明这件事……全部证明并不是自在自为的思想的一个中介，而是通过语言作为思维（就它是我的思维而言）与别人的思维（就它是他的思维而言）之间的一个中介。"① 费尔巴哈说："黑格尔哲学缺少直接的统一性、直接的

（接上页）的分离。事实上，在这一点上，康德和费希特的立场较之于黑格尔要更加具有实在论特征，费希特晚期的贡献对于黑格尔主义的解体非常重要。但关于费希特与黑格尔之间关系的详尽讨论将让我们偏离主题。——原注

① op. cit, S. 169 - 171. —— 原注　　中译文可参见《黑格尔哲学批判》，载《费尔巴哈哲学著作选集》上卷，荣震华、李金山译，商务印书馆 1984 年版，第 54—55 页。

确定性、直接的真理"①。

这些论证并没有如费尔巴哈所希望的那样，在任何意义上决定性地克服黑格尔的唯心主义。它们所做的仅仅是将道德化的乌托邦主义提升到在哲学上具有最高确定性的概念层次，并为伦理的乌托邦主义提供一种认识论上的辩护。一种直接的、确定的统一，以及一种直接的、显然的真理，都只能通过两种形式取得：第一，在当下，社会的基础结构是作为直接显见（unmittelbar evident）被给予我们的，这一形式越是精微而复杂（用黑格尔的话来说，越是经过中介），在给予人们时就越是具有直接的显见性。关于社会的经济基础，可以认为，从无产阶级的角度来看，这种直接性可被视为单纯的表象（我们稍后将回顾马克思和恩格斯在这一问题上作出的显著贡献）。当然，我们可以看穿这些形式并不意味着直接地改变这种确定性——它们是当下存在的形式。但这可以赋予我们的实践行为以一种新的品质，新的品质反过来又会对我们的行为构成直接的回应。相比之下，对于那些更加复杂的经过了层层中介的形式，将直接性以辩证的方式融入中介之过程的做法在实践层面的直接影响就要薄弱很多了。因此，这个过程看起来仅仅是一种概念上的，单纯理论上或逻辑上的做法。例如：我们很可能清楚地认识到，我们作为孤立个体的存在是资本主义发展的结果。但只要我们的洞见仅仅是理论上的，我们的情感所具有的个人主义化的结构就仍然会以无可动摇的、直接的形式存在。以同样的方式（必须强调，下文

---

① „Vorläufige Thesen zur Reform der Philosophie"（《关于哲学改造的临时纲要》），*Werke II*, S. 227. ——原注　　中译文见［德］费尔巴哈《关于哲学改造的临时纲要》，洪潜译，生活·读书·新知三联书店 1958 年版，第 5 页。

所说的例子仅仅是作为一种心理学上的说明）来看，充分理解哥白尼天文学的正确性并不会影响"太阳绕着我们升起和落下"的直接印象。只有以实践的取向改变此种直接性所依赖的现实社会基础，才有可能在这样的背景下带来一种行为上的转变，而这并不会在所有情况下都产生立竿见影的直接影响。

此种结构性的事态强烈地影响了黑格尔和费尔巴哈的思考。黑格尔作出了认真的尝试，试图抓住并解决问题（这一点我们稍后会阐述），但黑格尔被诱使以纯粹理论和逻辑的方式来处理这一问题。因此，对他而言，中介的范畴变得具有了自主性，并成了现实的"本质"，而丧失了与现实历史过程的联系。只有以此为基础，中介才是真正可理解的。如此一来，中介便固化成了新的直接性。费尔巴哈的论辩仅仅涉及黑格尔的尝试中不成功的那些方面，不仅忽略了黑格尔在正确地提出并解决问题的层面上已经取得的成就，甚至忽略了问题本身。因此，他将整个中介问题处理为纯粹的逻辑问题，部分地通过纯粹的逻辑就可解决①，部分地通过直接的直观与感性来解决。然而，在这样做的过程中，他陷入了完全的非批判性。正如马克思在《德意志意识形态》中所指出的，他无视了这样一个事实："他周围的感性世界决不是某种开天辟地以来就直接存在的、始终如一的东西，而是工业和社会状况的产物，是历史的产物，是世世代代活动的结果，其中每一代都立足于前一代所奠定的基础上，继续发展前一代的工业和交往，并随着需要的改变而改变

---

① 他走得最远的地方就在于，他将其归因于一种（被消极评价的）神秘化的、给人带来现实改变的能力。例如，他说："黑格尔哲学造成了人和自身的异化"（„ Vorläufige Thesen zur Reform der Philosophie", ibid, S. 227)。——原注

他们的社会制度。"①

　　这是直接显见（unmittelbare Evidenz）的第一种形式，它与第二种形式密切相关，即伦理乌托邦的直接显见。简言之，它的前提就在于人们所处之具体环境的客观形式是直接被给予的，而且其直接显见的程度远不足以提供可以衡量其超历史本质的尺度。这种直接的具体环境一方面是经济的客观力量的结果（正是经济力量产生了它们），另一方面则产生自人们具有阶级特性的特定视角以及对既有社会环境的依赖性。如此一来，人们对此种社会环境的自发性情绪反应，也是被限定在具体范围之内的。也就是说，人们对这些环境的反应与这些环境本身一样直接，而且正是"客观性"和"主体性"的分离确切地表明二者源自相同的社会根源，"客观性"和"主体性"的直接性特征都与对方有着深刻的相互影响关系。二者的关联就体现在对现实的承认态度中，对此已无须赘述。然而，如果涉及乌托邦的问题，涉及伦理行为模式的问题，那么这种直接的本性似乎就表现得不太明显了。

　　但有两个要点需要被牢记：首先，我们在这里处理的仅仅是实践的表象，也就是说，这种实践完全没有触动客观现实的结构，因而是一种对沉思性态度（对客观现实的沉思）的确证而且完全没有超越它（正如康德的"应然"），或者并不可能将从被给定现实向

① 这部著作尚未出版，这一事实使得对这一阶段作出正确的理解具有困难。希望莫斯科的苏共中央马克思恩格斯研究院很快出版一个新的包括德文版在内的版本。我的引用来自古斯塔夫·迈耶尔在《弗里德里希·恩格斯》一书中引述的文本（*Friedrich Engels*, vol. I, Berlin, 1920, S. 247）。——原注　　可参见《德意志意识形态》中的相关文本。——英译本注　　中译文可参见《马克思恩格斯选集》第 1 卷，人民出版社 2012 年版，第 155 页。

被改变的现实的转化视为一个具体的问题（乌托邦主义）。被改变的现实因而被处理为一种沉思性的状态，并与直接被给定的客观状态形成对立，而没有任何方式来阐述从其中一者向另一者的过渡。其次，这两种情况都没有对伦理乌托邦的行为模式如何起源作出具体的阐释。它被认为是理所当然的，就像在沉思中被把握的客观现实（或其所谓的"终极原则"）那样。在《实践理性批判》中，康德从良心这一"事实"出发，就像他在《纯粹理性批判》中从"先天综合判断"这一"事实"出发一样。对于经济学家斯密来说，自由竞争的法则之类的东西则是直接被接受的事实，正如作为道德哲学家的斯密对同情的感受所作的处理一样。

　　费尔巴哈似乎代表了这方面的进步，他将神学"融解"在人类学中，以及他对人的被异化的本质的消解，似乎代表了一种真正的起源。然而，这事实上只是表象。这主要是因为他用同样抽象的概念（类）来替换另一个抽象的概念（上帝），从而使得从现实中衍生出的概念又一次变成了幻象。（这并不是否认他的理论所代表的进步。然而，这和当前的讨论无关。）马克思在《关于费尔巴哈的提纲》中评论道："费尔巴哈把宗教的本质归结于人的本质。但是，人的本质不是单个人所固有的抽象物，在其现实性上，它是一切社会关系的总和。"[1] 因此，他只能将人的本质理解为"类"，理解为一种内在的、僵化的普遍性，它自然地将许多个体联结起来。然而，如果这个起源，这个对概念之真正起源的阐明仅仅是起源的一种表象，那么费尔巴哈世界观的两个基本原则——异化的人

---

[1] 参见《马克思恩格斯选集》第 1 卷，人民出版社 2012 年版，第 135 页。

和异化的解体——就凝固成严格地彼此对立的本质。他不是将一者消解为另一者，而是拒绝一者并在道德上肯定另一者。他将一种现成的现实和另一种现成的现实对立起来，而不是说明一个现实如何在辩证的过程中从另一个现实中出现。他的"爱"无法触动异化的现实，就像康德的"应然"无法改变存在的世界中的任何东西。

在这种情况下，"实践"包含在了"评价"之中。在费尔巴哈的这种纯粹沉思的立场之下，其方法论局限性的必然结果凸现在了他自己以及他的后继者即"真正的社会主义者"的作品中。通过将费尔巴哈主义的"异化"应用于社会，并反对费尔巴哈的上帝观念（货币是相互疏离化的人，是被异化的人）①，赫斯对这个异化的世界作出道德意义上的谴责，并且以超越异化的乌托邦世界来反对它。在这里，真正的财富代替了虚假的财产②："现实的财产不应

---

① 见《论货币的本质》（Zlocisti, S. 167）一文；类似的论述可参见《行动的哲学》（Zlocisti, S. 58ff）；《论犹太人问题》中的一些段落也与此类似，认为财产是人的劳动与生活的被异化的本质。尽管这样一条陈述受到了劳动这一范畴的抽象直接性的影响，但它已经展现出一种很强的、向着具体化和辩证法的方向发展的趋势。相反，青年拉萨尔的思想完全是向着另一条路径发展的。（可参见拉萨尔在1845年秋写给阿诺德·门德尔松[Arnold Mendelssohn]、亚历山大·奥本海默[Alexander Oppenheim]和阿尔伯特·勒费尔德[Albert Lehfeldt]的信，载于古斯塔夫·迈耶尔编纂的他的遗稿的第216页。）——原注

② 在《论货币的本质》一文中，赫斯区分了"现实的财产"和"抽象的财产"。赫斯说："只有当'个性'恰好脱离了一切现实的财产以其神圣的纯粹的形式出现时，抽象的、让渡的、外在的和可出卖的财产才能同样脱离一切人的东西以其神圣的纯粹的形式出现。"换言之，"现实的财产"即是与个体人格紧密结合的财产，此种财产不可出卖；而"抽象的财产"即是脱离了个体、与人格相疏远的财产，也就是货币。（可参见《赫斯精粹》，邓习议编译，方向红校译，南京大学出版社2010年版，第153页。）

当受到谴责，因为它是私人化的，个体化的，融入了个体之中的。相反，只有当其不是私人化、没有融入个体的时候它才是可谴责的。在这种时候它与个体是分离和疏远的，作为一种疏离的，完全异化的生活与交往方式，作为一种外在的财富，即货币与人对立。"① 在他的研究中，赫斯将费尔巴哈与蒲鲁东相比较。在这里，我们无法讨论这种类比在思想起源和发展历史上是否成立（这是赫斯的方法所造成的必然结果，即他一贯运用这种类比性来展开自己的论述，如巴贝夫和费希特、圣西门和谢林、傅立叶和黑格尔，这很像是海涅的做法②）。但值得注意的是，他将费尔巴哈主义的原则应用于社会，这一举措本身在一定程度上就是一种蒲鲁东主义的做法：他用社会的"善"的方面和"恶"的方面进行对照，并将进步和既定矛盾的解决定义为"善"的方面的保存和"恶"的方面的消除。这种小资产阶级的伦理乌托邦主义可以被视作其方法的一种应用，这尤其体现在恩格斯对其伦理学的批判中。恩格斯将费尔巴哈处理善恶冲突的方式与黑格尔对同一问题的辩证处理进行了对比。③

马克思在驳斥蒲鲁东关于善与恶的观念时，以及恩格斯在批判费尔巴哈的伦理学时，都回溯到了黑格尔。这绝非巧合，因为费尔

---

① 可参见《论我们社会中的贫困及怎样缓解贫困》（Zlocisti, S. 153）；类似的说法可以在《论货币的本质》中找到（ibid, S. 179ff）。在这里，其与蒲鲁东的相似性是非常显然的。——原注

② 可参见海涅 1833 年的作品《论德国宗教和哲学的历史》。——英译本注

③ 参见恩格斯《路德维希·费尔巴哈和德国古典哲学的终结》："在善恶对立的研究上，他（费尔巴哈）同黑格尔比起来也是肤浅的……在黑格尔那里，恶是历史发展的动力的表现形式。"（《马克思恩格斯全集》第 28 卷，人民出版社 2018 年版，第 345 页。）

巴哈、蒲鲁东和赫斯在这个问题上都远远落后于黑格尔。他们对待资本主义社会之基础性现象的态度都远没有黑格尔那样具有批判性，也远比黑格尔本人更加直接。诚然，即便黑格尔也将"异化"视为一个普遍的哲学问题，但在他对意识理论最重要的阐述，也就是《精神现象学》一书中，他把这个问题作为社会结构的问题提出来，即作为社会存在，人的意识从社会结构中产生。现在我们没有办法勾勒出（哪怕是简略地描述）黑格尔在这些问题上的立场。但是，如果我们要理解共产主义理论在德国兴起时在方法论上所处的状况，我们至少必须简要地对整个"外化"问题加以论述。人与自身的"异化"（Entfremdung）是人最终"走向自身"前所必然要经历的（既是历史的必然，也是哲学的必然）阶段，也是《精神现象学》所关切的首要问题。众所周知，"外化"是一个黑格尔式的术语。而费尔巴哈对黑格尔的论战则一方面使得这个问题显得像是一个观念逻辑上的问题，而另一方面则将论辩的实质转移到了黑格尔的自然哲学上。因为黑格尔的自然哲学是观念的"他在"，是观念的自我外化。① 尽管他们中的一些人对黑格尔有着透彻的了解，赫斯和他们的伙伴们依然在基本立场上和费尔巴哈处在同一战线，并在这些方面追随了费尔巴哈的步伐，将他有关"外化"的理论应用

---

① 可参见黑格尔《哲学全书》第 247 段。这一问题无法在此处得到处理，只能说恩格斯从未放弃过黑格尔的自然哲学。在于 1865 年 5 月 29 日写给朗格的信中（*Neue Zeit*，XXVIII/I，S. 186），以及另一封于 1874 年 9 月写给马克思的信中（*Briefwechsel*，IV，S. 368），他将逻辑学的第二部分，即本质论，视为其真正的中心。在我看来，本质论确实包含黑格尔辩证法中真正具有开创性的部分，这部分不仅对恩格斯的自然观产生了决定性的影响，而且对马克思和恩格斯的历史辩证法、他们对资本主义社会结构的分析产生了决定性的影响。——原注

在了社会上。在采取这种做法时，他们忽略了一个事实，即黑格尔在整体上是将这一问题作为一个社会-历史的问题提出的。在《精神现象学》中，非常值得注意、引人入胜但又令人困惑的一点就在于，它是第一部处理所谓哲学的最终问题的哲学史著作，这些"最终的问题"包括主体和客体、自我和世界、意识和存在……《精神现象学》将其处理为历史性的问题。更进一步的是，它并不是将先验的（即无时间性的）问题构造和类型学等应用在历史上，并将历史作为经验性的质料（就像康德和费希特所做的那样），而是将这些问题在其先验的意义上视为哲学的问题，认为其具有纯粹的哲学上的特性，但它们同时又被处理为人类意识的历史发展中的种种形式。当然，黑格尔远没有一以贯之地坚持此种方法论。而《精神现象学》之所以常常令人困惑，正是因为历史性和超历史性的概念构造混杂在一起，彼此之间发生冲突并相互取消。和其他领域一样，在这里，我们也能清晰地看到黑格尔理论的优势与局限。他将现象学视为哲学本身的前奏，而意识的各个阶段被视为一系列先验的阶段，意识则必须经历这些阶段从而将其自身从普通意识的水平提升到同一的主体—客体的水平，亦即哲学意识的水平。这样的做法带来了两个结果：一方面，整个发展被还原为纯粹的主观性的过程（并不是经验心理学意义上的主观），而另一方面，历史材料被降格到了纯粹用以说明意识之质料的水平。

但黑格尔并没有总是坚持这种唯心主义的纲领。例如，他将意识的各个阶段分配到了历史的各个时期之中——我们很快将对此进行更加深入的阐发——尽管这种先验的处理方案运用了纯粹概念性的术语，但它似乎只是单纯的反映，是一种对构成其支撑的历史质料的概念表达。历史上的各个时期旨在作为先验阶段的说明。然而,《精神现象学》在其细节上超出了黑格尔本人在体系之中给予它的位置,他甚至无法为《精神现象学》分配一个位置。在他的《哲学全书》(*Enzyklopädie*)中,黑格尔将现象学放在人类学和心理学之间,作为主观精神的第二个阶段。然而,正是在关键性的问题上,现象学和《精神现象学》之间少有相似之处。后者包含了黑格尔的整个哲学,这是他以统一的方式总结其世界观的尝试之一。从这个角度来看,《精神现象学》中的"主体性"也需要从两个层面加以看待(就像"和解"这个概念一样)。一方面,就充斥在《精神现象学》中的"意识的形式"这一概念而言,其现实性在一开始就被削弱了。但另一方面,黑格尔非凡的历史-社会批判正是在此种图景中彰显出来(虽然是以一种无意识的方式)。他所讨论的现象,即资本主义社会的出现,以及伴随着法国大革命的"恐怖时期"而出现的政治高潮,仅仅是那一时期的德国所具有的意识形式,而不是具体的历史现实。这种状况使得两种回应得以可能:一种回应方式是,这些现象在概念上的实质构成了一种"自然法"意义上的伦理假说,此种伦理假说反对德国的现实(这就是青年费希特所做的)。然而,在这种情况下,那个时代最基本的哲学疑难所围绕的观念,即现实是由"我们"、由人"创造"的——仍未得到澄清。因此,必须以另一种回应方式,即黑格尔的方式,寻求答案。

黑格尔处理这一问题的要点就在于,他确立了社会现实的片面性。"启蒙的真理性"① 这一节导向了对法国大革命的讨论,紧邻

---

① [德] 黑格尔:《精神现象学》下卷,贺麟、王玖兴译,商务印书馆 1981 年版,第 106—114 页。

着这些话语："两个世界得到和解，天地互相交接，天国降入人世"①。此外，对黑格尔而言，这种趋势并不限于意识形态的层面。导致此种片面性的决定性范畴是经济上的：有用性（Nützlichkeit）。有用性的概念在商品的辩证两重性中得到了清楚的展示：使用价值和交换价值的统一，物性的表象（Schein der Dinghaftigkeit）与自在的内在关联性（der innere Beziehungscharakter an sich）的统一。黑格尔说："有用的东西是一种自在的持存或事物，这种自在存在，同时又只是一种纯粹环节；它因而是绝对为一个他物的，但它之所以是为一个他物的，又恰恰只因它是自在的；这两个相反的环节，于是返回于自为存在的不可分割的统一性中。"② 经由有用性这个概念，这一阶段的意识实现了前些阶段所缺乏的那种东西：现实。"纯粹识见所缺少的这种东西，已经在功利中获得了补充，因为它在功利中达到了肯定的对象性；纯粹识见因此就是一种现实的、在自身中满足了的意识。这种对象性，现在，构成着纯粹识见的世界；纯粹识见已成为了观念的世界和实在的世界，亦即所有的先行世界的真理性。"③ 现在，这种客观性构成了它的世界，并成了过去的整个世界的最终也是最真实的结果，它既是观念的，也是现实的。这个世界，也就是这个被转译为思想的资本主义社会，就是黑格尔所说的外化的和异化的世界。意识遭遇一个客观的、合理的（gesetzmäßig）世界，

---

① ［德］黑格尔：《精神现象学》下卷，贺麟、王玖兴译，商务印书馆 1981 年版，第 113—114 页。

② ［德］黑格尔：《精神现象学》下卷，贺麟、王玖兴译，商务印书馆 1981 年版，第 111 页。

③ ［德］黑格尔：《精神现象学》下卷，贺麟、王玖兴译，商务印书馆 1981 年版，第 113 页。

准确地说，正是在这个世界的陌生性和自主性中，也正是通过其陌生性和自主性，这一世界是它自身的产物。在对这一节所作的导引性评注中，黑格尔说："但是，那样一种精神，即，它的自我是绝对分立的东西的那种精神，发现它的内容是一种与它相对立的同样坚硬的现实世界，并且在这里，世界具有作为一种外在的东西、自我意识的否定物的规定或特性。然而这个世界是精神的东西，它本身是存在与个体性两者溶合而成的东西。它的这种特定存在既是自我意识的作品，又同样是一种直接的现成的、对自我意识来说是异己的陌生的现实，这种陌生的现实有其独特的存在，并且自我意识在其中认识不出自己……这个外在现实是由于自我意识自己的外在化和放弃其本质而获得其存在的……"①

这些描述和激进的青年黑格尔派的描述在术语上如此相似，以至于根本不需要对此详加分析。同样，从前文所述的内容中可以看出，我们处理的不仅仅是术语上的相似，相反，这就是青年黑格尔主义者从黑格尔那里"接手"的地方。当然，我们必须记住，他们只接手了黑格尔思想的局限性，接手了那些主观的、唯心主义的方面。但在这样做的同时，他们恰恰忽略了最重要的东西，即黑格尔在其双重性和矛盾性中理解了资产阶级社会的对象性形式：当人（黑格尔使用了一个神秘化的术语，即"心灵"）的存在的矛盾被推向极端，并产生了令矛盾本身发生剧变并得到扬弃的可能时，人

---

① ［德］黑格尔：《精神现象学》下卷，贺麟、王玖兴译，商务印书馆 1981 年版，第 38—39 页。

就从外化中回到了他自身。① 因此，外化和抽象的确是一种表象，它在意识的自我获得中将自身揭示为一种表象。但作为表象，它同时又是客观现实。在后来的体系中，黑格尔试图从逻辑上对同样的问题加以把握。黑格尔说："存在并没有消逝，相反地，第一，本质作为单纯的自相联系是存在；第二，但按照存在是直接的东西这个片面的规定来说，存在已被降低为一种单纯否定的存在，一种映像——因此，本质是作为在自身中的映现（Schein）或自内映现的存在（scheinen in sich selbst）。"②

在这个节点，要对黑格尔处理这一问题的各种形式进行分析（哪怕是一种概略性的分析）是不可能的（除了《哲学全书》和《逻辑学》中的"本质论"之外，他对资本主义社会的主要描述还出现在《法哲学原理》中，这部著作是必须要考察的）。无论如何，此处所涉及的方法论问题已经在下列几个说法中得到了澄清。第一，很明显的一点是，对黑格尔的"异化"而言，生命的"抽象"形式以及抽象和疏离化本身，既不是纯粹的逻辑建构，也不是"应受谴责"的现实，而是当下被直接给予的存在的形式，这种形式将在历史进程中实现自我克服（《法哲学原理》就以朝向世界历史的转折为收束）。因此，无论是以认识论的方式还是以伦理乌托邦的

---

① 关于这一点，可参见［德］黑格尔《精神现象学》下卷，贺麟、王玖兴译，商务印书馆 1981 年版，第 112 页。

② 《哲学全书》第 112 段。—— 原注　　黑格尔以一种多重意义的方式使用"Schein"一词，这加大了理解这一文本的难度。在黑格尔那里，"Schein"同时具有积极和消极的意义：（1）单纯的表象和存在或本质相对；（2）某种显露出来的东西"闪耀"（shine）着。—— 英译本注　　中译文见［德］黑格尔《哲学全书·第一部分·逻辑学》，梁志学译，人民出版社 2017 年版，第 208—211 页。

形式，都是不可能超越异化的。只有通过同一的主体—客体的自我扬弃才能解决它们。第二（这也是第一点的结果），"外化"直接地出现，且作为"外化"的直接性尚未被克服。如此一来，黑格尔已经预先拒绝了费尔巴哈对其哲学的批判。这就意味着，第三，此种直接性在历史层面和方法论层面上被相对化了：在每一个发展阶段，前一个进程的结果都表现为一个直接的基准。直接性是表象，中介的范畴仍然是未知的，正是通过中介的范畴，直接性在过程之中转变为了新的直接性。然而，第四，这种表象本身是一种存在的客观必然的形式，只有当它的双重特质在一种辩证性的互动中被捕捉到时（也就是说，造就了它的中介范畴需要被确认，正是这种中介范畴使之成了必然的，关于本质的表象〔Schein des Wesens〕，成了存在之必然的现象形式〔notwendige Erscheinungsformen des Seins〕），它才能够得到正确的把握。换句话说，它不能仅仅被把握为产物，而需要同时被视为过程中的一个时刻。因此，最终，历史的进路和哲学的进路结成了合力，因为逐渐变得清晰的一点就在于，其中任意一者都只能停留在直接性之中。一方面，它表明真正意义上的概念或范畴的"演绎"（Deduktion）只能发生在"创造"（Erzeugung）它们的过程中，在说明其历史起源的过程中；而另一方面，历史恰恰在于这些形式的不断转变，其中早先的思考模式和非辩证性的思想总是会以直接性的方式停留在它们的当下，并被视为是超历史的。

　　当然，即便是黑格尔哲学，也进入了它在"现在"的直接性。一切事物都不断消融在其中的辩证的过程最终也固化，并停滞为了一个形而上学的、非辩证的对象。如此一来，它取消了其自身作为一个过程的特性。但即便是黑格尔通往失败的道路，也为一种新的、批判性（实践-批判，历史-批判）的路径提供了基础。这种路径将"当下"视为历史进程中的一个时刻。在这种路径中，理论和实践的二分将会被超越：一方面，当下被把握为直接具体的，但被理解为历史进程的结果，即从来源上查明构成其直接性的所有中介。然而，另一方面，正是同一个中介的过程，将会说明当下仅仅是过程中的一个时刻，而这一过程将会超越它。因为正是这种关于当下的直接性的批判性方法将会与人类的活动联系起来：正是在那些令当下超越其自身的时刻，实践-批判性活动以及革命实践的纲领，及其现实的范围终被给出。

然而，仅仅对于那些与超越当下的趋势保持同一方向的人，上面所说的情况才是成立的。这种趋势不会将对当下的转换变成一种倒退，反而会使之成为一个进步性的过程。黑格尔本人无法达至这样的路径。他有能力对资本主义社会作出最高程度的概念性描述，以历史的、辩证的方法将其构造把握为一个过程。[1] 黑格尔真正地理解了资本主义社会的矛盾结构，李嘉图也获得了这样的认知，这使得他在概念上超越了此种矛盾结构。然而，他的超越完全是逻辑层面和方法论层面上的。因为相较于李嘉图，他生活在一个不那么发达的资本主义社会，来自过去时代的陈迹和他所处的社会环境交

---

[1] 黑格尔对经济学的理解在他的时代是登峰造极的——这一点很少被意识到。不幸的是，他的思想和经济发展之间的关系在很大程度上被忽略了。目前对于这一问题的探讨是亟须的。相关材料可参见：F. Rosenzweig, *Hegel und der Staat*, Munich and Berlin, 1920, vol. I, S. 131-132, S. 148ff; vol. II, S. 120ff. 其中提供了一些对早期文献的引述和参考，如罗森茨威格发现黑格尔早年曾为斯图亚特·穆勒撰写评注。——原注

织在一起。因此，他认为资本主义社会是发展之中的而不是已经发展完全的。黑格尔有能力把握那些由资本主义社会创造的存在的形式，且伴随着较少的偏见。他的方法是为了获得关于当下的知识而设计的，因此，其中也以一种矛盾的方式将当下所具有的一切矛盾包罗其中。它被这些矛盾驱动着超越当下，超越资本主义社会。但也正是出于同样的原因，它无法将其自身具体化为一种针对资本主义社会的真正批判。黑格尔要么在当下面前停止批判的步伐（和解），要么就把辩证性的运动导向一种形式上的停顿（在纯粹沉思的、被中介的社会形式的领域，即绝对精神）。这偏离了辩证法的辩证取向，而这种偏离不仅表现在那些它有责任变得具体而明晰的地方，更反映在对整个方法之构造的设计上，使得黑格尔的整个辩证法问题重重。因此，如要进一步地超越资本主义社会，那么这种企图不能简单地通过沿用黑格尔的辩证法来实现，这就是拉萨尔在方法论上失败的所在。而通过将黑格尔的局限性视为体系的基石，这样的做法也无法取得进步（这是布鲁诺·鲍威尔所做的）。像费尔巴哈那样，以一种片面的论辩来反对这些局限性，而且与此同时放弃其取得的一切成就，同样没有意义。然而，最不可能成功的就是赫斯的做法，即将两个僵化的对立面融合在一起。激进的青年黑格尔主义者很少拥有黑格尔那样广博的经济学知识，更没有能力把握经济学在随后岁月中的发展。正因为如此，他们并不理解在黑格尔的历史辩证法中究竟什么才是关键的，而且他们没有能力看出黑格尔的种种问题中究竟哪些方面是富有成果的，并值得进一步发展。

　　如我们刚刚所说，赫斯和其他青年黑格尔主义者对经济学和经济学发展欠缺了解，且我们描述了因为这种欠缺而导致的症状。需要补充的是，尽管这些缺陷作为症状和结果，是源于他们错误地提出问题，但事实上，他们之所以错误地提出问题，乃是因为他们作为革命的知识分子的立场。换言之，作为资产阶级发展的意识形态拥护者，光就其最初的立场而言，黑格尔就比他们更加有力。① 由于试图在意识形态层面上超越资本主义，他们在原则上否定了典型的资产阶级科学即经济学，就像他们无条件地否定容克专制主义者的经典的科学即神学那样。② 相反，他们试图通过费尔巴哈的非辩证、非历史的方式来寻求解放：通过揭露这些科学异化的、非人的本质。如此一来，正确的反应只能是对人的理解和有意识的"发现"③。对黑

---

① 黑格尔有关资本主义社会的种种研究表明，他越来越明显地朝着这个方向前进。因此，罗森茨威格正确地指出：黑格尔对"财产"的定义"随着时间的推移变得越来越具有经济性"。在《法哲学原理》中，有关财产的伦理已经变成了一种"产物"，而不像他早年所说的一样，是财产的"前提"。（op. cit.，vol. II，S. 120.）——原注

② 在《论货币的本质》（Zlocisti, S. 167）一文中，赫斯在二者之间建立了一种类比。——原注 "从理论上说，这种颠倒的世界的典型形态就是基督教天国。在现实世界中，个体是要死亡的，在基督教天国中个体是永生的，在现实生活中，类在个人身上并借助于个人表现出来，在天国中类存在物即上帝生活在个体之外，这些个体不是上帝赖以表现出来，类存在物赖以生存的中介，而是相反，个体借助于上帝而生存。在这里，类存在物被贬低为个体生活的手段；基督教的'自我'需要其上帝；它为了其个体的存在，为了其神圣的、不死的灵魂，为了灵魂的拯救，需要其上帝。"（《赫斯精粹》，邓习议编译，方向红校译，南京大学出版社 2010 年版，第 144 页。）

③ Zlocisti, S. 163.——原注 "现在，在为了自己的本质而进行的这种残酷斗争将要结束的时候，现在，当我们的本质至少在理论上已经受过训练的时候，我们当然能够设想一个没有自我毁灭的人类社会，并且实现一个多种多样的和协调一致地共同活动的生产，有同人们的各种不同的生活目标和多种多样的活动相适应的多种多样的有组织的活动范围的、合乎理性的、有机的人的社会，以便使每一个受过训练的人都能够按职业和爱好在社会中自由地表现其能力和才干。"（《赫斯精粹》，邓习议编译，方向红校译，南京大学出版社 2010 年版，第 141—142 页。）

格尔而言，关于经济现象的知识在他的系统中构成了一个不可或缺的组成部分。然而，黑格尔的立场本就面临不可逾越的界限。首先，作为在认识资本主义社会这方面登峰造极的学者，他将哲学驱离出这个领域，并将其赶到绝对精神的领域。他还发现经济学之所以"是思想的成就"只是"因为它发现了很大一部分关于偶然性的规律"①。结果，在一定程度上，经济的因素仅仅变成了系统中无意识的组成成分，他无法保留和应用自己已然获得的那种社会-历史的理解。其次，从另一方面来看，他对资本主义的态度使得他即便从方法论上也无法看到经济学的限度。当然，他也作出了一些极其敏锐的观察②，其中一些具有比他所从事的那种经济学研究更加广泛的意义。如，我们发现，黑格尔将萨伊描述为一个不逊色于斯密和李嘉图的经济科学的代表人物。很显然，他甚至没有注意到标准上的不同。③

　　马克思和恩格斯的批判正是从这里出发。《德法年鉴》中一系列划时代的文章将一种全新的批判性方法引入思想之中：在这里，批判是针对支撑某一问题的社会原因来指出解决这一问题的社会先

① "这门科学使思想感到荣幸，因为它替一大堆的偶然性找出了规律。"（［德］黑格尔：《法哲学原理》，范扬、张企泰译，商务印书馆1979年版，第205页。）
② "这里就显露出来，尽管财富过剩，市民社会总是不够富足的，这就是说，它所占有而属于它所有的财产，如果用来防止过分贫困和贱民的产生，总是不够的。"（［德］黑格尔：《法哲学原理》，范扬、张企泰译，商务印书馆1979年版，第245页。）
③ "这是在现代世界基础上所产生的若干门科学的一门。它的发展是很有趣的，可以从中见到思想（见斯密，塞伊，李嘉图）是怎样从最初摆在它面前的无数个别事实中，找出事物简单的原理，即找出在事物中发生作用并调着事物的理智。"（［德］黑格尔：《法哲学原理》，范扬、张企泰译，商务印书馆1979年版，第204页。）

决条件。只有通过这种方法来解决问题，才有可能在黑格尔停顿下来的地方继续开展辩证法的工作。尽管与他们同时代的人具有明显的相似性，马克思和恩格斯甚至在其工作的早期阶段也已经展示出了截然不同的思想路径（与激进的青年黑格尔主义者和支持费尔巴哈的社会主义者截然不同）。他们并没有把黑格尔的路走到底，而是引领着对社会和历史的思想走出了黑格尔哲学的死胡同，黑格尔哲学跌跌撞撞地最后安顿在了那里，一面说着称赞的话，一面说着批评的话。在这里，我们不可能勾勒出马克思和恩格斯到底为辩证法带来了怎样的变化（哪怕是概略性的勾勒也不可能）。这组对照仅仅是为了说明谴责赫斯这样一个诚实的思想家到底有着何种方法论上的必然性，赫斯的努力从一开始就是失败的。经常有人声称，青年黑格尔派试图从哲学上解决黑格尔体系的哲学矛盾，但他们失败了。这个观点是正确的。但如要展示出这一点，我们必须说明他们失败的原因植根于哲学的本质，以及在何种程度上，马克思和恩格斯所作的改变创造了一种全新的理论（尽管这一理论和黑格尔的辩证法之间有着密切的关联）：政治经济学批判。

政治经济学批判的方法论与黑格尔关于直接性之解体的理论相关。黑格尔通过指出历史性的中介范畴，通过（事物之）具体的、历史性的起源来说明直接性的解体。马克思和恩格斯之所以有能力带来这些变化，是因为他们从无产阶级的角度来看待资本主义社会。如此一来，资本主义范畴的直接现实性便具有了辩证的统一性，而同时，僵化和拜物教化的特性也得以解决。① 资产阶级经济

---

① 我在《物化与无产阶级意识》一文中详细讨论了这个问题。——原注　参见〔匈〕
　　卢卡奇《历史与阶级意识》，杜章智等译，商务印书馆1992年版，第144页及其后内容。

学的迟钝之处就在于这样一个事实，即他们以如下形式接受了基础性存在呈现出的一切现象，他们以直接"面对"的形式接受了这些现象。因此，在其理论中，至少在古典经济学最伟大的代表作中，这种直觉性背后真正运作着的矛盾也被不自觉地反映出来。相较之下，那些肤浅的庸俗经济学家和坚定的资本主义社会辩护士则试图从理论上超越这些矛盾。对于那些或多或少自觉地对资本主义经济学进行批评的无产阶级批评家而言，他们的唯心主义色彩则是因为没有能力看穿这种辩证的双重本性。德国"真正的社会主义者"并不是唯一屈从于此种唯心主义的人（尽管这样的唯心主义最明显地体现在了他们的著作当中，因为他们采用了一种黑格尔主义的、在表面上具有辩证性的推理）；而其他屈从于唯心主义的人还包括蒲鲁东、布雷①和英国针对李嘉图的社会主义批评者。在谈到霍吉斯金（Hodgskin）时，他也被描述为唯心主义者②，马克思指出，"所以，霍吉斯金用另外的话说：劳动的一定社会形式的作用被认为是由物，由这一劳动的产品造成的；关系本身被幻想为物的形式。我们已经看到，这是以商品生产，以交换价值为基础的劳动所固有的特点，这种混淆表现在商品上和货币上（霍吉斯金没有看到这一点），而且更多地表现在资本上。物作为劳动过程的物的因素所产生的作用，被认为是由这些物在资本中造成的，就象这些物在

---

① 约翰·弗朗西斯·布雷（1809—1897）是一名职业作家，也是英美乌托邦社会主义者。他是利兹工人联合会（Leeds Working Men's Association）的联合创始人与财务主管。他的主要著作包括《对劳动的迫害及其救治方案，或强权时代与公理时代》，出版于 1839 年，其中罗伯特·欧文（Robert Owen）的影响明显可见。——英译本注

② 参见《马克思恩格斯全集》第 35 卷，人民出版社 2013 年版，第 237—302 页。

自己的人格化中，在和劳动对立的自己的独立性中所具有的作用一样。假如它们不再以这种异化的形式和劳动相对立，它们在政治经济学家们看就不再能够产生这种作用。资本家作为资本家只不过是资本的人格化，是具有自己的意志、个性并与劳动敌对的劳动产物。霍吉斯金认为这纯粹是主观的幻想，在这种幻想后面隐藏着剥削阶级的欺诈和利益。他没有看到这种表述方法是怎样从现实关系本身中产生的，没有看到后者不是前者的表现，而是相反。"① 马克思将霍吉斯金为这种主观主义立场的相对的、历史性的正名视为一种经济拜物教②，也明确指出，有两个方面的原因导致霍吉斯金没有能力在资本主义生产的拜物教形式以及他们的理论反思中看到现实的因素。首先，霍吉斯金只看到了经济所带来的问题以及这些问题背后的现实的表象（例如，他对固定资本和流动资本加以区分）；其次，这导致他忽略了资本主义社会的"简单"现象的过程性质（例如，在复利问题上，他没有注意到"简单利润"实际上和"复利"一样是复合的）。换句话说，问题并不是一个"事物"处于过程之中，而是，"事物性"是过程的一种表象形式。

在这个决定性的问题上，"真正的社会主义"和资产阶级经济学一样迟钝。例如，当提到詹姆斯·密尔（James Mill）时，马克思强调他将对立面的统一转化为直接的同一。在作出这种判断时，

---

① 参见《马克思恩格斯全集》第 35 卷，人民出版社 2013 年版，第 277 页。
② 总的来说，这场论辩的基调与其对青年黑格尔主义者的批判有所不同。这不仅仅是因为这样一个事实，即其文本写作于他已经获得了自我理解之后（而不是之前），更多地是因为这样一种条件，即相较于其他人，擅长写小册子的霍吉斯金确实超越了李嘉图，并因此在客观上成了马克思的先驱，而赫斯等人则不能被视为黑格尔和马克思之间的桥梁。——原注

他只是延续了更早的、针对"真正的社会主义"的经济学论辩。其中，他对格律恩"生产和消费一致"① 的无能、庸俗的经济学嗤之以鼻，认为格律恩夸大其词的阐述除了为现有条件辩护之外什么也没有做到。而《共产党宣言》中的严厉批评仅仅是对此种批判进行了合乎逻辑的阐述：在资产阶级经济学家那里，资本主义社会的经济结构在理论上被直接接受；而在"真正的社会主义者"那里，由于他们对待资产阶级革命运动的态度，社会发展进程所具有的具体的、革命性的核心都被抽象地、乌托邦地误解了，无论如何，都没有脱离直接性的领域。这两种看似对立、实际也矛盾的观点在方法论上却是密切相关的。"真正的社会主义"使用的基本概念是唯心主义性质的，而此类基本概念的必然结果是：在对社会现象进行的理论性和历史性的考察中，理论与实践出现了分离。黑格尔的巨大思想成就即在于，他让理论和历史以辩证的方式关联于彼此，将它们构想为以辩证的方式互相渗透的一个过程。但即便是这样的尝试，最终也以失败而告终。黑格尔没能在理论和实践之间建立起真正的统一。相反，他要么是用丰富的历史材料填充范畴的逻辑安排，要么就是对历史加以理性化，使之成为由一系列被升华和抽象

---

① 可参见他对格律恩的《社会主义的历史》（ *Neue Zeit*，XVIII/I（1890—1900），S. 138 - 139）的批判。——原注　中译文可参见《马克思恩格斯全集》第 3 卷，人民出版社 1960 年版，第 613—614 页及其后内容。　这种观点也可以在赫斯那里被发现，如在《论我们社会中的贫困及怎样缓解贫困》等文章中（Zlocisti, S. 153）。关于这些范畴间的辩证关系，可参见《政治经济学批判》（*Zur Kritik der politischen Ökonomie*）导言中的相关文本。——原注　中译文则可参见《马克思恩格斯全集》第 30 卷，人民出版社 1995 年版，第 29—40 页。在"生产与分配、交换、消费的一般关系"一节中，马克思对这些概念之间的辩证关系作了较为集中的论述。

出来的形式、变化的结构与不同时代所组成的序列，并将它们提升为范畴。马克思是第一个看穿这种错误的两难的人。他没有从逻辑安排或历史的相继中推导出范畴的次序，但他意识到，"它们的次序倒是由它们在现代资产阶级社会中的相互关系决定的，这种关系同表现出来的它们的自然次序或者符合历史发展的次序恰好相反"①。经由此种做法，他为辩证法找到了黑格尔求而不得的真正基础，并正如恩格斯所说的，让它"用脚着地"。同时，他将政治经济学批判拯救了出来，将其从拜物教的僵化和抽象的琐碎中予以解放，并使之成为辩证法的基础。即便在最伟大的资本主义代言人那里，经济学也注定会衰落。政治经济学批判不再是一门和其他科学并列的科学，也不仅仅作为基础科学位列其他科学之上。相反，它包含了整个世界历史，这一世界历史包含了人类社会的存在形式（范畴）。②

随着唯物辩证法的确立，即便从主观的角度来看，"真正的社

---

① *Zur Kritik der politischen Ökonomie*（《政治经济学批判》），S. XLIV. 从社会存在中演绎出意识（而不是相反），这是"真正的社会主义者"永远无法发现，也从未认真寻求的范畴。它是以下说法的必然的逻辑结果，即：辩证的范畴概念"表现这个一定社会即这个主体的存在形式、存在规定"（ibid, S. XLIII）。——原注　　中译文可参见《马克思恩格斯全集》第30卷，人民出版社1995年版，第48—49页。

② 在马克思于《政治经济学批判》导言中提出的方案里，这一点清晰可辨（ibid, S. XLV - XLVI）。——原注　　马克思提出的方案是："显然，应当这样来分篇：（1）一般的抽象的规定，因此它们或多或少属于一切社会形式，不过是在上面所阐述的意义上。（2）形成资产阶级社会内部结构并且成为基本阶级的依据的范畴。资本、雇佣劳动、土地所有制。它们的相互关系。城市和乡村。三大社会阶级。它们之间的交换。流通。信用事业（私人的）。（3）资产阶级社会在国家形式上的概括。就它本身来考察。'非生产'阶级。税。国债。公共信用。人口。殖民地。向国外移民。（4）生产的国际关系。国际分工。国际交换。输出和输入。汇率。（5）世界市场和危机。"（《马克思恩格斯全集》第30卷，人民出版社1995年版，第50页。）

会主义"也失去了它存在的全部理由。① 经过认真的内心斗争，作为一名诚实的思想家和革命者，在一封写作于 1846 年的信中（梅林也引用了这封信）②，赫斯也无条件地承认了这一点。然而，他无法将新的立场真正表达为他自己的观点。他曾于 1847 年在《德意志简报》（*Deutsche Brüsseler Zeitung*）上发表文章，这篇文章已经在术语上非常接近马克思，实际上，他也试图运用马克思主义的思维方式。但标题本身"无产阶级革命的后果"（Die Folgen der Revolution des Proletariats）已经清楚地表明，即便在他最接近马克思的时候，他仍然保持着旧的唯心主义观点和伦理乌托邦。而在 1848 年革命之后，他又回到了他固有的观点上。在谈到马克思和恩格斯时，他说："他们非常了解如何剖析我们的社会、分析其经济，并对其加以诊断。但他们过于唯物主义，无法拥有激励人们的、激动人心的热情。放弃唯心主义哲学后，他们投身于唯物主义经济学的怀抱。他们把德国哲学的模糊的立场换成了英国经济学狭隘和琐碎的立场。"③

然而，真正回到旧的立场当然是不可能了。经济学的方法仍然在赫斯的理论发展中起关键的作用。但由于从根本上来看，他的思

---

① 马克思认为早期的赫斯也是如此。可参见他对格律恩的批判（见《德意志意识形态》中的相关文本）。——原注 马克思强调了赫斯与格律恩之间的联系："正是赫斯所提供的那种公式主义构成了格律恩著作的全部内在联系。区别只在于，格律恩先生没有忘记给赫斯的论点涂上一层美文学的色彩。他甚至十分忠实地抄录了赫斯的明显的错误。"（《马克思恩格斯全集》第 3 卷，人民出版社 1960 年版，第 580 页。）

② 参见 "Moses Hess to Karl Marx 28 July 1846", in Moses Hess, *Correspondence*, ed. E. Silberner and W. Blumenberg, The Hague, 1959, p. 165。——英译本注

③ F. Melly, *Dokumente des Sozialismus*, vol. I, Geneva, 1851, S. 540. ——原注

想基本上仍是唯心主义的，所以经济学的方法就像是一个方法论上的异物。因此，前文所引述的小册子包含了许多向历史唯物主义发展的举措，但赫斯总是半途而废（有时甚至到四分之三中途而废），随即恢复到他过去道德化的唯心主义之中，并用各种疯狂的神话学、宇宙论和种族主义理论来加以强化。例如，他写道："劳动总是为了进步而组织起来的，劳动的进步总是使得生产力趋于增长和完善，伟大的革命之所以爆发，也总是为了提升生产方式，将其提升到生产力的水平，并为了进步而对劳动加以组织。"① 在攻击圣西门时，他甚至将即将到来的社会主义经济模式描述为："各尽所能，各取所需"②。然而，对整个问题的呈现仍然是高度意识形态化的：旧的、僵化的必然性与自由的对立，直接被接受的世界与同样直接被接受的伦理要求（它与对存在的道德判断并肩而行），完全没有改变，或者最多是在一种似是而非的层面上被置于一种不那么僵化的与过去和现实的关系之中。如此一来，在承认了阶级对立在过去的必然性之后，赫斯接着说："在今天，经过启蒙的人们将这种对立的持续存在归因到享有特权的一小撮人的恶意，这种观点并没有错。"③ 在他看来，在一种革命的形势中应该发生一种突如其来且全然的改变——很难找到比这更意识形态的说法了。

由于赫斯既不能保持旧的立场，也不能正确地理解和运用新的观点，在被马克思"改造"过的著作中，他无助地在全然空洞抽象的思想建构之中来回挣扎：自然哲学中的那些奇思怪想，从种族理

---

① F. Melly, *Dokumente des Sozialismus*, vol. I, Geneva, 1851, S. 547. ——原注
② F. Melly, *Dokumente des Sozialismus*, vol. I, Geneva, 1851, S. 549. ——原注
③ F. Melly, *Dokumente des Sozialismus*, vol. I, Geneva, 1851, S. 545. ——原注

论和哲学史等角度为犹太复国主义辩护等⋯⋯①作为一个忠实的革命者，他参加了拉萨尔主导的工人运动，并且直至去世，一直身处革命的无产阶级队伍之中。然而，作为一名理论家，与唯物辩证法的接触却摧毁了他。赫斯的命运是奇特的，他的理论与实践几乎全然分离，甚至在他自己（至少是无意识地）放弃了错误的理论表述之后也坚持着错误的理论架构。一位具有哲学导向的革命者竟然有可能在行动的关键时刻全然不顾他的理论，所有这一切都只能用当时德国不发达的阶级对立来解释。从那时起，每当有这样的思想出现，它们总是无例外地从无产阶级的阵营滑向了资产阶级的阵营。在赫斯的例子中，尽管他才华横溢，而且有时在个别问题上采取了正确的路径，更对革命的事业抱有忠诚，但他仍是一个最具启发性的当时德国知识分子的缩影。那时有关无产阶级革命的理论刚刚露头，无论是缺点还是优点，赫斯都是这个过渡时期最典型的代表。他将保有自己在无产阶级运动史上的地位，但并不像某些人认为的那样是黑格尔和马克思之间的纽带。

---

① 关于赫斯的思想发展，兹洛西斯蒂所写的传记倾注了很多心血，但没有原则，有些混乱，并严重地偏向于赫斯。——原注

附录二

勃鲁姆纲领（节选）[*]

* 本译文主要参考德文版《卢卡奇全集》第二卷（Georg Lukács，*Werke 2*，*Frühschriften II*，Darmstadt：Hermann Luchterhand，1977），同时参考了英译本（Georg Lukács，*Tactics and Ethics：Political Writings 1919—1929*，tran. Michael McColgan，ed. Rodney Livingstone，New York：Harper & Row，1975）。为了便于读者理解，本译文也将英译本注译出。

以下导言由《党史杂志》（*The Journal of Party History*）的编辑所写。此文于 1956 年发表于该刊第二卷第三期，由党史研究所（Institute for Party History）出版，该研究所由匈牙利工人党[①]中央委员会（Central Committee of the Hungarian Workers' Party）领导。

在研究的过程中，钻研 1929—1930 年那段历史的同志在匈牙利工人党中央委员会总部所辖党史研究所的档案中发现了这一文献，它在匈牙利共产党[②]的历史上具有重要的意义。这份文献就是所谓的"勃鲁姆纲领"，其作者是格奥尔格·卢卡奇同志。

这份纲领的草稿于 1928 年年末完成，它是一份准备提交给匈牙利共产党（Hungarian Communist Party，HCP）第二次代表大会的政治报告的提纲。它既说明了党的情况，也说明了匈牙利的总体情况。根据共产国际第六次代表大会所制定的计划，它表明有必要改变党的战略目标，将其转向工农民主专政的观念。然而，尽管提出了总体正确的目标，这份草稿并没有从中延伸出有关联盟政策、农业政策以及党的总策略等方面的结论。

1929 年，这份纲领在党内得到了讨论。

---

① 此处的"匈牙利工人党"即"匈牙利社会主义工人党"（MSZMP），1956 年至 1989 年，该党是匈牙利的执政党。1956 年，该党由匈牙利劳动人民党改组而成。

② 1919 年 8 月 1 日匈牙利苏维埃共和国被扼杀后，匈牙利共产党即被视为非法组织，遭到残酷迫害，只能以地下共产主义小组的形式开展活动。1924 年，共产国际举行了第五次代表大会。在这之后，匈牙利各共产主义小组之间的派别斗争结束，共产党中央机关恢复了活动。此处所说的匈牙利共产党即是重组后的匈牙利共产党，而该党仍未在匈牙利取得合法地位。

由于党内的讨论，以及共产国际执委会的公开信，中央委员会和随后的匈牙利共产党第二次代表大会拒绝了这份纲领，并认为这是一份代表了机会主义思想的错误文件——这正是体现在其中所制定的战略目标上。

这份纲领的草稿可以被进一步划分为五个章节：

Ⅰ. 匈牙利共产党第一次代表大会到 1928 年第一次全体会议这段时间内匈牙利共产党的状况

Ⅱ. 贝斯伦执政期间的根本性变化以及各阶级状况

Ⅲ. 工人阶级的状况

Ⅳ. 全体会议以来匈牙利共产党的活动

Ⅴ. 当前状况下的主要问题

以下发表的是这份纲领的第一和第四部分，以及第五部分的 A 和 D 节。

关于匈牙利之政治经济状况及匈牙利
共产党之任务的纲领

一、匈牙利共产党第一次代表大会到 1928 年第一次全体会议期间匈牙利共产党的状况

1. 在左翼群众运动发展到高潮期间，匈牙利共产党召开了第一次代表大会。① 工人阶级中最优秀的左翼分子开始联合起来形成反对派。从一开始，匈牙利共产党就与这一反对派中最具自觉的部分取得了联系，并将其置于自身之影响下。在 1925 年春，新的资产阶级联盟在地方选举中当选，这一运动导致了社会民主党的分裂。②

2. 从一开始，匈牙利社会主义工人党的政治活动就正确地围绕着阶级斗争的核心问题：它旨在推翻当时正在自我巩固的反革命制度，并动员起对其感到不满的群众。这也就解释了为何该党提出的纲领从一开始就反对任何形式的党派联盟政策，以及为何该党提出要建立工农联合，而不是与资产阶级达成协议。正是在这种背景下，该党在法律允许的条件下竭尽所能地对土地问题加以强调，即

---

① 1925 年 8 月 18 日至 21 日，作为非法组织的匈牙利共产党在维也纳举行了重组后的第一次代表大会。——英译本注

② 社会主义工人党成立于 1925 年 4 月 14 日，依照的是匈牙利共产党在 1924 年 11 月 1 日在维也纳作出的决定。它由一个理事会领导，其实际上的领袖是伊斯特万·瓦吉（István Vági）。它是位于维也纳的非法组织匈牙利共产党的"合法对应物"，两党之间的关联非常密切，只是警察往往难以证明这种关联的存在。——英译本注

土地应归农民所有。在详细分析了当时匈牙利所有和民主有关的理论与实践问题后，大会主要解决了群众运动的战略问题。

3. 第一次代表大会结束后不久，匈牙利共产党的整个领导集体就被捕了①，而且无法向党的成员传达大会的经验教训。一个全新的领导班子因而不得不上台。巩固整合的过程进行得很快，在1926年春天之前，匈牙利共产党就再一次具有了行动的能力。然而，巩固整合的过程并未最终完成。事实上，一个非法的组织已经浮现出来，在没有受到任何重大影响的情况下，党摆脱了那些坚守合法性幻想的取消派（Liquidatoren）②（如维斯豪斯③与他的伙伴们）。然而，党仍然无法在坚定的、拥护党的共产党员中建立起领导。事实上，党在1926年初就成功地发动了相当多的人（在选举中获得了2000个签名），而且它也成功地将过渡计划的核心口号传递给了群众——"工农治理的共和国"。然而，党在组织上的重构进程远远落后于其政治影响力的拓展速度。在1926年的圣诞节前，中央委员会的全体会议已经意识到了此种状况中隐藏的危险，并且将扩充非法的匈牙利共产党作为其活动的重点。他们强调社会主义工人党仅仅是共产党活动的领域之一。然而政治迫害又一次

---

① 拉科西·马加什（Mátyás Rákosi）在第一次代表大会后立即被派往匈牙利，然而，在他所从事的非法活动刚刚开始之时，他就与另外50名成员一起被捕。——英译本注

② 取消主义否认社会主义无产阶级的革命阶级斗争，否认无产阶级在资产阶级民主革命中的领导权，并否认无产阶级政党。持此种主张的团体被称为取消派。

③ 阿拉达尔·维斯豪斯（Aladár Weisshaus, 1887—1963）曾在作为非法组织的匈牙利共产党中发挥了决定性作用，特别是在1923—1925年间。同时，他也是匈牙利社会主义工人党的幕后主导。然而，在20世纪20年代的最后几年，他越来越转向右翼激进运动，最后被匈牙利共产党开除。——英译本注

阻挠了这一进程：在 1927 年 2 月，匈牙利共产党的整个领导层再次被捕。①

4. 这些迫害迫使社会主义工人党转入地下，并几乎完全切断了其与群众之间的联系。接下来就是充满危机和挫败的时期。不仅是党的建设举步维艰，也不仅是干部队伍的建设遭遇了很大困难。除此之外，各种各样的取消主义再次出现，取消主义提出了根本不同，甚至自相矛盾的观点：一方面，他们试图完全退到非法活动之中；另一方面，他们又完全拒绝非法性并且接受合法的可能。如果他们的活动成功，那么这只会导致匈牙利共产党的消亡。在这一背景下，取消主义的叛变也表现出来了：他们奉行一种仅仅具有意识形态属性的工作，发起了一场非常顽固且富于煽动性的运动，甚至以公开的谴责来反对政治领导小组②中的实践工作。经过多次激烈的论争，匈牙利共产党成功排除了种种取消主义倾向，消除了党内叛徒的影响，甚至他们的党内同情者也孤立了他们。

匈牙利社会主义工人党的绝大多数活动都是非法的。这一事实迫使该党采取新的策略。第一，有必要超越圣诞节的全体会议所划定的界限③；第二，要在所有的群众组织中建立起规律性的党的工

---

① 被捕者包括佐尔坦·桑托（Zoltán Szántó），他曾担任红军第一营（the First Red Battalion in the Commune）的指挥官。他和另外 52 名成员于 1927 年 5 月受审。——英译本注

② 在工厂中建立共产党小组是匈牙利共产党的一项传统工作。早在 1919 年 1 月，匈牙利共产党即向工人发出号召："建立工厂的共产党小组！"本文用"政治领导小组"翻译"Zellen"（英译为"cell"）一词，指的就是此种主要以工厂为单位而建立的共产党小组。

③ 即前文所说的，将社会主义工人党仅仅视为共产党活动的领域之一，且使之作为共产党的合法对应物而运作。

作，以及为政治领导小组所进行的非法组织工作创造基础；第三，在全党范围内传达进行政治谋划的技巧与精神。在克服了相当多的主客观障碍后，这项工作终于开始了。随着贝斯伦执政联盟①的瓦解（党及时地预见了这一点，并对这一现象进行了很好的解读），党的影响力稳步增长，其领导层和组织者的奉献精神也在稳步增长。然而，党的政治影响尚未被转化为对组织层面的影响，这两者之间还存在一道鸿沟。这两个问题彼此加剧，且这一加剧的进程无法遏止，无论是因为在关于尤利乌斯的问题（Julius-Frage）上产生的分歧，还是因为该党所遭受的一系列逮捕。然而，无论在匈牙利还是国外，被逮捕的人（贝拉·库恩②）都相对较少，这清楚地表明了组织上的巩固。在1928年的夏天，中央委员会的扩大全体会从这一阶段中得出了经验教训，而且为党的后续活动提供了指导。党参加了共产国际第六次代表大会，其代表团中既有国外的同志，也有国内的同志。

……

四、全体会议以来匈牙利共产党的活动

1. 全会提纲中的政治立场和路线都被证明是正确的。政治形势和工人运动的情况在总体上都朝着预期发展。全会提纲使得党有

---

① 伊斯特万·贝斯伦伯爵（István Bethlen，1874—1946）于1921年4月被霍尔蒂任命为总理。经由1922年5月的选举，他通过基督教民族统一党（United Christian National Party）和小农党（Party of Small Farmers and Farm Laborers）的联盟取得执政权。从1927至1928年起，他的权力逐渐被内部的政治问题侵蚀，并最终于1931年辞职。他的继任者是久拉·卡罗利（Gyula Károlyi）伯爵。——英译本注
② 贝拉·库恩在1928年4月26日于维也纳被捕，并在当年六月受审。——英译本注

可能从整体上正确地回应他们所关注的工人运动的趋势。然而，在当时工人运动中最重要的事务上，即建立左翼的工人阵线这一任务上，党仅仅取得了很小的成果。

2. 工人运动在秋季蓬勃发展，因而党必须以果断而坚决的态度面对梅奥兹（匈牙利全国建筑工人协会 ［Magyarországi Építömunkások Országos Szövetségének，MEMOSZ］）和匈牙利钳工群体。在这一情况下，党迅速转变了其在工会问题上所采取的策略——这一领域对当前的状况至关重要——而且这一策略转变在各个方面都是正确的。

3. 党在时至今日的工作中取得的最重要的成功：

a）形成了专门的领导。由于党在上层和下层组织的领导都得以加强，党的政治准备有了很大的提升，尽管至今党仍然没有能力立刻组织并带领全部成员投入一场被认为是代表了正确一方的斗争之中。

b）党性的增长也带来了政治谋划方法上的提升，因而既减少了被逮捕的人数，也减少了因成员被逮捕而造成的影响。其结果就是，党内的取消主义被清除了，这里的"取消主义"指的是1927—1928 年的危机期间普遍存在的那些形式的取消主义。反过来，这又增加了党在党外的影响力，以及处理党外取消主义的成功率。由此可见，党正在缓慢而坚定地消除工人们对这样一个非法的共产党所感到的恐惧（在今天，一种经常出现的状况即是，左翼工人之所以接近党，要么是为了加入党，要么就是因为虽然希望保持无党派立场，但如果不与党保持密切联系，他们就无法有效地工作）。这些恐惧是确立一个统一的左翼工人政党的主要障碍所在，因为它妨碍了工人中最为出色的一部分左翼分子在各种运动中发光发热，即在党的领导下，以一种有组织、有计划的方式，在各个不同的领域，如产业部门、职业领域和政治运动中发挥作用。

c）绍尔戈陶尔扬（Salgótarján）的罢工标志着党在发展过程中迈出了决定性的一步。这是党领导下的第一次大规模罢工，遵从了匈牙利共产党的指示而摆脱了官僚的反对。无论罢工的领导层中出现了多少错误和动摇，该运动仍必须被认为是成功的，因为罢工从绍尔戈陶尔扬扩展到了国家的其他部分，这是因为有一个代表团在共产党人的建议下采取了措施，围绕着各个矿场进行巡回动员。

工人们的努力反抗标志着罢工的积极影响，尤其是陶尔扬（Tarján）和陶陶（Tata）的工人在全国会议上提出了强烈的反抗意见，这尤其说明罢工的成效。

d）党对被裁钳工的影响力稳步地日益增长。这突出体现在我们的传单中，其中的内容日益激进，其语调也带有越来越趋于自觉的阶级意识。党的工作在钳工和装配工之中成长起来了，这为建立一个以激进的阶级斗争为导向的金属工人工会奠定了基础。

e）建立了梅奥兹这一反对派组织，它具有阶级斗争性（klassenkämpferisch）。这是一个特别值得注意的成功，在这一过程中，集权政府的拥护者们所推出的伪-反对派遭到了打击（帕洛塔斯①）；这是因为官僚的任何行动必须得到及时阻遏，他们会采

---

① 伊姆雷·帕洛塔斯（Imre Palotás）自1921年以来一直是建筑工人和活跃的共产主义者，作为工会运动和共产党非法活动的领导人曾多次被捕。1923年，他与其他17人一起被驱逐出梅奥兹，因为他站出来反对当时的工会官僚，这些人计划对共产党发起公然的攻击。——英译本注

取行动将运动的领袖与群众分隔开来。

f）共产党人对广大劳动群众的影响越来越大，党的政治影响力总体上扩大了，尽管它在工会或政治层面上都没有成功地团结起左翼的工人，未能将群众整合在一个意识形态上一致（更不用说组织上一致）的实体中，并将其置于自己的领导下。

4．致使党在群众中的工作具有缺陷的原因：

a）组织上的原因是政治领导小组工作的薄弱，在工厂中缺乏影响力，形成派系和小团体，各派系在计划外开展工作，且其工作彼此不相一致。

b）缺乏工作人员。我们现有的人员普遍缺乏政治经验，而且遴选标准较低，他们尤其欠缺将合法斗争和非法工作结合起来的经验，这导致了政治领导小组的工作无法在工厂中发挥影响。

c）党所作出的正确分析及其提出的口号往往经过了长时间的延迟，或通过一种不怎么有效的形式才被传达给党员，并经由他们传达给群众。

d）领导层的不同职能单元之间存在矛盾，尤其是在金属工人运动期间。①

e）与青年工人的运动没有形成充足且规律性的接触。尽管自全会以来，这方面的进步相当明显，但在各项运动进行期间，党与青年工人运动之间的联系仍然显得十分脆弱，且无法令人满意。

f）妇女运动完全缺席。这部分地导致了党在纺织工人的罢工

---

① 这是指金属工人中要求提高工资的运动，这场运动得到了匈牙利共产党的支持，并在 1929 年 8 月达到高潮。——英译本注

中缺乏影响力。

5. 然而，这些组织上的因素并不能完全解释当前的状况。在党的政治影响力，与在组织层面对此政治影响力加以利用和巩固之间仍然存在着鸿沟。正因如此，党缺乏行动的能力也有政治上的原因。其中以下几点最为重要：

a）党没有常常露面（这是党所应该做的），即便在党有责任发起并领导行动时，它也没有常常露面。没有人会否认党的在场可能面临的困难和危险，然而，其他国家中的非法斗争经验表明，这些问题并非无法解决。人们必须经过训练才能掌握政治谋划的技巧和经验，而且人们所需要的并不仅仅是一种"密谋的政治"（Konspirationspolitik）。如果能通过密谋将同情者聚集起来，并且有能力动员他们开展行动，党在公共场合的露面就不再是危险的了。但在推进这些行动的过程中，党不能向对公开露面的恐惧让步，这种恐惧是下级组织从过去的发展经验中继承而来的，它已经成为过去式，并且带有夸张的色彩。只有保持冷静，党才能确保其行动得到群众真正严肃的回应，并对那些在政治上距党更远的工人产生影响。

b）在其鼓动和宣传工作中，党并不是总能够将全会提纲所提出的核心战略口号和那些切身的、日常的事务相结合。但是，唯其如此，才能够将那些斗争——无论是自发的还是在党的鼓动下发生的——转化为有意识的、新生的左翼工人阵线的一部分。

c）对于相当一批战略性的口号（如"反对战争""为民主要求而战"），党都没能充分地将其传达给群众。

d）在应用全会提纲以及对党的路线进行阐释时，右倾主义同时在核心领导层（尤利乌斯①、罗伯特②）和党的其他成员中抬头；他们常常阻挠了党对事件作出迅速且坚决的回应。这种右倾主义往往只是以一种悲观主义的形态出现，原因是党的成员常在巨大的压力下工作，他们感到自己的努力和组织力与当前面临的任务无关。对此种状况，我们不能视若无睹，因为一切形式的右倾主义基本上都是在表达这样一种感觉，即现有的力量和需要完成的任务之间存在鸿沟。这种意识形态上的软弱往往与背离激进斗争之共同任务相关，而此种软弱也正是右倾主义的根源。当然，我们必须以区别对待的方式来处理这一问题，这意味着对这些右倾倾向采取不同的措施（取决于右倾倾向的体现是强还是弱，是以成体系的方式表现出来还是仅仅是一些个案）。总的来说，这些右倾主义偏离发生在不同的部门中，而且并无组织，没有形成一个派系。然而，客观上来看，它们之间又是彼此关联的，因为它们都代表了对匈牙利当下局势的误判，从而阻碍了该党解决那些最直接也最具决定性的问题，以至于无法通达一个清晰的理论立足点。

6. 以下是最主要的一些右倾倾向：

a）尤利乌斯同志的立场，以及他对贝斯伦政权及社会民主党人的评价。在他向共产国际秘书处所作的讲话中，他在上述问题上

_____

① 久拉·阿尔帕里（Gyula Alpári，1882—1944），尤利乌斯为其化名，在 1914 年之前是匈牙利社会民主主义阵营中持"卢森堡主义"立场的反对派领袖，也是 1907 年后匈牙利青年运动最杰出的领导人之一；在 20 世纪 20 年代，是《国际新闻通讯》（*Internationale Presse-Korrespondenz*）的主编。——英译本注

② 罗伯特-贝拉·桑托（Robert-Béla Szántó，1888—1951）是匈牙利苏维埃共和国执政期间的国防人民委员，并于 20 世纪 20 年代活跃于红色工会国际（Red Trade Union International），1945 年后成为匈牙利驻波兰大使。党史研究所未能发现任何材料足以佐证卢卡奇针对其所指的右倾主义。——英译本注

的观点与右倾倾向得到了体现。在讲话中，尤利乌斯同志明确表示，他对近年来匈牙利共产党所采取的政策毫无认可与同情。他的态度构成了一个融贯的右倾思想体系。他并不认为贝斯伦政权具有法西斯特质，也不认为社会民主党正在滑向贝斯伦式的法西斯主义，反而将其判定为一个以民主改革的形式进行斗争的反对党。倘若这是真的，那么匈牙利共产党将不得不转变它的整个政策。

事实上，尤利乌斯同志的分析在实践上导致的后果就是剥夺党的所有活动，除了支持作为反对派的社会民主党来进行民主改革式的斗争，并最多给予它一些向左的推力。作为一个独立的组织，唯一留给匈牙利共产党的任务即是就无产阶级专政进行纯粹理论上的宣传。他的分析完全错误，他的纲领只会让党重新陷入专政被推翻之后的那种处境①，换言之，将其降格为一个纯粹在宣传层面上工作的组织。他的路线虽然主要依据的是匈牙利的形势，但也契合国外其他右翼团体的立场，本质上表现的是面对党在当前有待解决的紧急且复杂的任务时感到的胆怯。

b）罗伯特同志的观点甚至更清楚地表现出意识形态上的软弱。他看到了法西斯主义的逼近，以及工会成员不断减少。然而他对这些现象的具体原因一无所知。正因如此，他机械地将工会成员减少的原因归结于工人运动中组织生活的缺乏。以下事实，即群众处于一种无组织的状态，对他而言，不过表明了这场运动正在瓦解；类似地，他将自发的运动视为运动的参与者正在等候弥赛亚降临的标

---

① 此处卢卡奇所说的是匈牙利共产党在 1919 年苏维埃共和国下台后所处的那种境地，即失去统一且强有力的组织，难以采取积极的活动。

志。这种短视的观点完全忽视了群众的激进化倾向，以及这种激进化的形式和使之得以发生的环境。结果便是回避了党在今天面对的具体而基本的任务。罗伯特用一种虚伪的激进主义来掩盖他的回避。他声称，在全会的政治纲领和组织纲领之间、在党的观点立场和党所实际采取的路线之间存在冲突。他没有意识到，任何自发的运动都必然会导致党的立场和路线之间出现辩证性的冲突，也就是说，党的工作目标就在于让自发的运动转向与其最初不同的方向。①

　　除此之外，罗伯特同志并不准备承认自发的左倾运动对各个不同的领域（如文化领域以及社会民主立场的反对派等）都深具意义。他试图将党的工作单纯局限在工厂政治领导小组所进行的工作之中，他的论证是，只有以这种形式，这种"最坚强的抵抗路线"，才可以接触到群众。然而，如果我们放弃了反对中间派的斗争；如果我们将工会的倒退等同于整个工人运动的解体；如果我们因此认为法西斯主义的趋势是不可阻挡的（因为无产阶级甚至都没有对此有所察觉，更不用说保护自己免受其影响了）；换言之，如果我们没有意识到工人阶级已经在"向左转"，而且正处在一个战斗的时

────────────

① 罗伯特的观点是，党的政治纲领要求党扩大其政治影响，支持自发的群众运动。但由于此种自发运动是不成熟的，因而与此种运动的结合可能有损于党的组织（因而罗伯特认为政治纲领和组织纲领之间存在冲突，且认为扩大政治影响的"路线"与党的最初立场有所龃龉）。但卢卡奇认为，此种想法忽略了群众自发状态中蕴含的激进可能，也回避了从"无组织"状态到达成"最终目标"之间需要完成的艰辛工作，党需要支持自发状态下的群众斗争并予以积极引导（哪怕这会在一定程度上造成组织策略和最初立场之间的辩证冲突）。哪怕这会在一定程度上带来罗伯特所说的冲突，但此种冲突也是"辩证的"冲突，随着自发活动逐渐被提升到有意识的水平，此种冲突将被消弭，而不必像罗伯特所想的一样，取消扩展政治影响的尝试，将全部活动局限在"更成熟、更有组织"的工厂政治运动上。

刻（即便仅仅是自发的），并且此刻正在反对法西斯主义的蔓延……如果这些都没有被意识到，那么工厂政治领导小组的工作又如何可能呢？

如果脱离党派工作，脱离政治内容，单纯开展工厂政治领导小组的工作，那么这是一种倒退，让党近年来的工作白费。这会让工厂政治领导小组的工作只可能以形式化的方式存在，而完全失去了采取实际行动或得以政治化的可能。匈牙利共产党的任务（尤其在当下）是继续他们的工作——当然，这得益于工厂政治领导小组这一占据中心地位的任务——支援所有无产阶级运动的前沿阵地，只要在群众活动发生的地方，最终目标就是建立党领导下的左翼无产阶级运动。同样，在这个意义上，罗伯特同志的观点本质上是一种意识形态上的软弱。他简单地通过取消党的政治影响来消弭党的政治影响与其组织能力之间的鸿沟。

c）对中间派的低估，以及对待中间派摇摆不定、犹豫不决的态度。这种态度甚至在匈牙利的党员中也很普遍（这也部分地构成了罗伯特同志的思想体系）。它以各种形式出现，其中一些甚至看起来相互矛盾。一方面，存在一种观点，即社会民主主义现在已经不再能对群众施加影响，只是因为政治迫害，才使得我们无法在与社会民主主义的斗争中得胜，还有诸如那种"已经没有人支持耶诺·基斯（Jenö Kis）"之类的论调。另一方面，人们担心，对于那些目前以非法方式从事反对工作的共产党员而言，如果以一种精准直接的方式来开展针对中间派的共产主义斗争，那么就会过于明显地暴露激进反对派的共产主义背景。这两种观点都代表了一种右倾的偏离或潮流（如果此种倾向得以自觉的话，就会成为一种潮流），因为它回避了党的直接具体的任务。中间主义是社会民主主义的一种手段①，用来使具有左翼倾向，但尚未形成自觉的群众远离共产党，或至少远离共产党的影响。因此，如果共产党人倾向于让左翼工人阶级处在自己的领导之下，他们就必须直接采取反对中间主义意识形态的斗争。仅仅在一些具体个案中证明中间主义为佩耶尔②及其党羽的利益服务还是不够的，目标必须在于向工人阶级说明，整个中间主义的意识形态构成了阶级斗争的主要障碍，并将这种意识形态从工人们的脑袋中驱逐出去。如果忽略或者轻视中间主义——这样一个对我们而言最危险的敌人——那么可能会导致在匈牙利出现严重的右倾偏离，就像国际运动中的情况一样。

d) 右倾的态度，而不是能力或经验的缺乏，同样隐藏在了对于结合合法与非法工作的恐慌上，隐藏在始终于非法活动中遮遮掩掩的举止之中，隐藏在害怕暴露自己甚至暴露党的心态之下。现在，党已经走出了单纯以宣传为自身之任务的时期，并将自身的任务（这一任务包含在全会提纲中）确定为领导独立的运动，而无须

① 1919年革命期间，匈牙利社会民主党与匈牙利共产党一度合并执政，但在苏维埃共和国倒台后，社会民主党便采取了所谓"中间派"和"温和派"的立场，即名义上仍然是站在工人阶级立场上的左翼政党。1921年，右翼社会民主党领袖佩耶尔与贝斯伦秘密签订所谓贝斯伦-佩耶尔协议，根据协议，社会民主党将利用其国外联系为匈牙利资产阶级政府服务，停止在农民和国家公务员中开展活动，以换取其合法性，并使流亡中的社会民主党领导人返回国内。
② 卡罗利·佩耶尔（Károly Peyer，1881—1956）是著名的工会领袖和社会民主党人，同情法西斯。1919年，他曾担任德尔·久洛（Gyula Peidl）领导下的政府（苏维埃共和国垮台后短暂成立的社会民主党政府——译者注）的内政部部长。1920年，他担任胡萨尔·卡罗利（Károly Huszár）领导下的政府的公共福利部部长。1927年，他担任工会委员会总书记。1925—1944年，他担任国民议会议员，并于1947年离开匈牙利。——英译本注

以伪装组织（Tarnorganisation）作为中介。这意味着党的整个策略方向发生了变化，也对每个党员的立场产生了深远的影响。一些成员仍然无法从这种变化中得出应当得出的所有战术和组织上的结论。因此，他们并不明白，对共产党的组织而言，其能在自身周边聚集起真正的同情者越多，党组织的安全感也就越强。他们害怕党在斗争中露面，也害怕组织被发现。这两种恐惧汇聚成一种右倾立场，其所针对的都是党的具体任务。一方面，某些成员不知道如何动员起一大群的同情者，让他们环绕在组织周围；另一方面，由此产生了一种自己很软弱的感觉，他们害怕在公共场合出现。这种立场是应受谴责的，因为如此一来，党就不可能在那些它没有接触到的群众中产生任何影响，更不可能成为整个左翼工人阶级的领导。群众只知道共产党人的原则，但从没有看到党的任何具体行动。

e）还有另一种立场也是源自软弱，而且具有破坏性的后果。它表现在个别党员和组织企图逃避具体任务，用各种复杂的花招和跑题来代替党组织必须做的群众工作。它包括建立党外组织，以及开展牵强附会的、与具体任务"平行"的运动（paralle Aktionen）。这种活动的狂热和漫无目的不仅降低了党在群众心目中的地位，而且使党员本身失去了方向感。

党必须与一切右倾倾向和立场进行斗争。但在斗争的过程中，需要清楚地进行区分：有些右倾倾向主要是由主观上的软弱和缺乏经验所导致的，另外还有一些是有意识的，形成了融贯理论体系的右倾倾向。对抗前者的方法是不断的启蒙。必须开展定期的工作以消除组织上的薄弱环节，而这些薄弱环节往往是这种态度的根源。但同时也必须清楚地告诉相关同志，如果不与这种态度进行斗争，那么组织上的问题也是无法克服的。而对于那些已形成了体系的右倾倾向，党就必须坚决明确地与之展开思想上的斗争，这种偏离必须被彻底根除。正因为它们涉及党在当下面临的生死攸关的战略问题，它们使党员无法理解客观的经济与政治条件，而正是这些条件决定了党的战略，进而令党员无法运用党的政治原则。

五、当前状况下的主要问题

1. 匈牙利政治生活的重组，以及贝斯伦政权的外交失败①带来了一系列后果，这些后果主要体现在三个方面，它们彼此相关，并构成了同一过程中的不同要素。因此，党必须对此进行回应，以期群众在日常斗争中可以看到并且理解这些问题及其关联。主要的后果是：a）完全取消了民主改革和资产阶级民主，虽然保留了民主的形式；b）法西斯主义系统性地扩展，且很可能是沿着一种西方式的路径而非意大利式的路径扩展，后者并不在民主的对立面；c）准备一场反对苏联的战争，通过战争塑造民族统一阵线。

2. 由此，必须提出党对待民主改革的态度这一问题，而且在此时提出这一问题比过去的任何时候都更为关键。关于共和国的问题，以及关于对待选举集团（Wahl-Block）的态度，党在之前的路线都是对的。同样正确的是，党直接拒绝了作为党的替代物而被提

---

① 贝斯伦政府执政期间，匈牙利民族主义者试图通过散布 1000 法郎面值的假钞来破坏法国经济（他们不满于法国作为协约国在一战及战后谈判期间给匈牙利造成的损失），有策划者提供了贝斯伦参与其中的证据。这一外交事件虽未导致贝斯伦下台，但带来了贝斯伦政府的改组。此外，在 1926 年的选举当中，以贡伯什·久洛（Gyula Gömbös）为代表的种族主义者进入执政党，这一系列事件使得匈牙利的政治生态出现了卢卡奇所指出的一系列变化。

出的右翼反对派（尤利乌斯）。迄今为止，匈牙利共产党正确地揭露出一个事实，即所谓的推崇民主改革的党派甚至不曾为了资产阶级民主改革的成果而认真地斗争过。然而，目前的形势有可能让广大群众意识到资产阶级改革派的那种背叛。国家机器日益法西斯化，而且这种法西斯化就发生在资产阶级政党中的每个人（包括社会民主党人）的眼皮子底下。事实越来越清楚地表明，在今天的匈牙利，匈牙利共产党是唯一一个为了资产阶级民主而奋斗的党派。这种党的斗争必须被拓宽为群众的斗争，它必须超出无产阶级的限定。这场旨在推翻贝斯伦政权之斗争的核心口号是：无产阶级和农民的民主专政（Demokratische Diktatur des Proletarias und der Bauernschaft）。

A. 民主专政

3. 共产国际第六次代表大会①的纲领正确指出，和其他一些国家一样，民主专政的问题在匈牙利向无产阶级革命的转变过程中扮演着决定性的角色。因此，党必须利用所有可能的手段来解释这意味着什么、涉及什么：首先要对党员解释，然后要对广泛的工人群体解释。在澄清这一问题的过程中，以下因素必须被牢记：

a）必须在工人阶级中发起反对虚无主义②的斗争。这种虚无主义源于对社会民主党之政策的失望，此种政策与资产阶级民主相关。马克思主义的观点——资产阶级民主是无产阶级的最好战场——必

---

① 关于共产国际第六次代表大会所通过的纲领及相关文献，可参见《共产国际第六次代表大会文献（1）》和《共产国际第六次代表大会文献（2）》，中央编译出版社 2013 年版。

② 此处的虚无主义指的是，对社会民主党感到失望，波及社会民主党所提倡的民主愿景，并拓展到对所有形式的民主的怀疑。

须在党员中得到广泛的承认。必须明白，为了建立这样一处战场，需要进行认真的革命性的努力。1917 年俄国革命和 1918—1919 年匈牙利革命的经验教训必须被铭记于心，并且传播开来（列宁在 1917 年的春天说：俄国构造了世界上最进步的民主）。

b）某些派别认为民主专政是从贝斯伦政权转向无产阶级专政的过渡形式，有必要反对这种思想。他们的论证是这样的：首先，贝斯伦政权存在着；随即，我们必须建立一种民主的专政，当且仅当我们充分发展并认识到这一点时，无产阶级专政的时代才会到来。[①] 民主专政可以采取各种不同的形式。早在 1917 年，列宁就向加米涅夫指出（加米涅夫希望将党推回到 1905 年建立的那种民主专政形式），在 1917 年革命时，民主专政已经以一种相当明确的形式得到了实现，其中一种形式正是由工人和士兵组成的反-政府。民主专政，作为资产阶级民主的完全实现，是严格意义上的战场，是无产阶级和资产阶级斗争的战场。同时，民主专政也是斗争中最重要的手段，这是一个直接向最广大群众发声的机会，激励并引导他们进行自发的革命行动。同时，在正常状态下，资产阶级的组织和意识形态形式帮助他们保持普罗大众的无组织状态，而民主专政也是一个打破此种组织及其意识形态形式的机会。民主专政提供了一种可能性：帮助广大工人群众在资产阶级面前以某种有组织的形

[①] 卢卡奇试图说明的观点是：虽然民主专政的作用值得强调，但它仅仅是令资产阶级革命向无产阶级革命转变的一种具体过渡形式，不能认为只有当民主专政充分实现时，无产阶级的专政才得以可能。而且如若止于充分实现民主专政的愿景，那么此种愿景反而意味着反革命的胜利。因此，必须充分认识到民主专政的定位、积极功用及潜在危险，而不能简单将其理解为"通往无产阶级专政的必由之路"，并因此希求其充分实现而忽略其潜在风险。

式维护其利益。在现阶段的发展中，从原则上来看，民主专政与资产阶级的社会和经济权力是不可调和的，尽管就其明确的阶级内容而言，它的具体目标和直接要求远没有超出资产阶级社会的边界，实际上是资产阶级民主的完美实现（在 1793 年，完全之民主的实现在原则上与资本主义的力量并不冲突，事实上，民主反而会有助于资本的力量）。因此，在克伦斯基（Kerensky）和卡罗利（Karolyi）的革命①中，资产阶级会瓦解最高度发展的民主形式，然后建立起一种一般的民主，从而尽快获得资本主义的权力。这种努力总是带来这样一种状况：在这种状况中国家机器得以重建，资产阶级的经济优势和社会组织将再一次取消群众的自发性；群众再一次陷入了混乱，他们被资产阶级及其代理人（主要是社会民主党人）搞得混乱不堪。因此，即便就其直接的内容而言，一种民主的专政并没有超出资产阶级社会，它仍是向着无产阶级革命作出的一种转变，或也是通往反革命的转变。如若止于民主专政，或将其理解为某种既定的、"由宪法规定的"发展阶段，那就必然意味着反革命的胜利。因此，民主专政只能被理解为一种具体的过渡形式，通过这种过渡，资产阶级革命转变为无产阶级革命。资产阶级革命和无产阶级革命之间没有隔着一道长城（列宁）。②

　　c）因此，资产阶级民主所具有的功能二重性必须以非常准确的措辞让党员们理解。必须区分两种民主：一种民主是资产阶级在

---

① 克伦斯基的革命是指 1917 年 7 月至 10 月，在苏维埃政权被取消后，克伦斯基曾成为总理。卡罗利的革命是指匈牙利的资产阶级民主革命，由米哈伊·卡罗利伯爵领导的国民议会于 1918 年 11 月 16 日宣布成立共和国。卡罗利于 1919 年 1 月组建政府，该政府一直持续到当年 3 月。——英译本注
② 可参见列宁的《无产阶级革命和叛徒考茨基》一书。——英译本注

其中占据政治主导地位的民主；另一种民主则意味着资产阶级虽然仍维持其经济上的剥削地位，但至少已经将部分权力让渡给了广大工人群众。在前一种情况下，民主的作用在于分散、误导并瓦解工人群众；而在后一种情况下，民主则有助于破坏资产阶级对政治和经济权力的垄断，并组织工人群众采取独立的行动。因此，为了确定民主有无价值，共产党人必须提出这样的问题：民主究竟会瓦解哪一个阶级的力量。从资产阶级的角度看，民主起到的作用究竟是巩固还是破坏？（社会民主主义的斗争总是在"巩固"的大旗下开展，但其目的在于防止革命的发生。）因此，对于任何关于民主专政的口号，它们都必须从一个特定的角度来得到评价，那就是巩固并发动群众，以及瓦解资产阶级。例如，无产阶级对生产的控制在这种情况下就会成为一个直接的问题。在这个问题上不能有任何幻想，不能相信无产阶级对生产的控制本身就能起到任何的"巩固"效果。揭露资产阶级的破坏活动并在必要的时候加以组织，这样的措施除了被用作动员群众和争取权力的手段之外，别无其他的价值。

4. 如果现在，我们希望将民主专政作为一条具体的战略性标语，那么我们就必须意识到，当前战后帝国主义处在其发展的第三阶段（这是共产国际第六次代表大会上使用的一个术语）。[1] 必须

---

[1] 布哈林在大会上作了题为"关于国际形势的报告"的开幕词，指出从第一次世界大战结束以来，世界经历了三个时期。第一个时期是资本主义制度遭遇危机，无产阶级直接进行革命的时期。第二个时期是资本主义制度逐渐稳定的时期，资本主义经济"复兴"，资本主义进行发展和扩张，无产阶级则继续处于守势。这个时期苏联在建设社会主义道路上取得了重要的成就。进入第三个时期，资本主义经济和苏联经济都已超过了战前水平，帝国主义国家生产力发展和市场缩小之间的对抗急剧增长，必然导致帝国主义国家之间的战争。

了解这一阶段到底意味着什么，并了解民主何以成为资产阶级巩固其力量的伪装。在广大欧洲无产阶级的头脑中，这一问题是模糊的，因为大多数欧洲国家的民主来自资产阶级革命，被压迫和剥削的阶级曾经与资产阶级一起为此斗争，推翻封建专制，并确立起资产阶级的民主。因此，尽管美国的情况为我们提供了一个很好的例子，但群众依然很难完全认识到当前的新状况，在此种状况中帝国主义抬头了。在美国，资产阶级作为一个同质化的阶级（它不必在无产阶级和半无产阶级群众的帮助下摧毁封建政权）成功地创制了一种民主的形式，其中资本被给予了无限可能，即自由地发展、积累和扩张；同时，民主的外部形式也得以保留。但以这样一种形式，劳动群众无法对实际上的政治领导施加任何影响。无论是在经济上还是政治上，美国都代表了当今资产阶级统治的理想型。近年来，在伟大的"西方民主国家"，其政治发展越来越倾向于以各种形式创造这样的民主。除了之前所提到的革命传统（它在法国和德国都仍保持活跃），社会民主主义的政治鼓舞了群众所珍视的那种幻象。在俄国革命刚结束时，社会民主主义集中其全部资源反对无产阶级专政，而现在，它倾尽全力想要在欧洲国家中建立美国式的民主。从工人阶级官僚的角度来看，这种政策具有经济上的原由。战后的帝国主义再也不能容忍战前那种工会斗争，这有两个主要原因：首先是为新的世界大战作准备，同时也考虑到世界市场上的激烈竞争。换句话说，它有义务将工会变成法西斯组织。这可以通过多种不同的方式来完成。墨索里尼创造了一种法西斯组织的类型，它在小资产阶级和富农反革命分子的帮助下粉碎了旧的工会，建立了新的工会。无论是对资产阶级还是工会官僚而言，这种方法都带有一定的危险性。为了将小资产阶级的反革命行为转化为对大资产阶级的巩固，资产阶级付出了巨大的努力；一些工会官僚也失去了他们在工人阶级运动中的地位（意大利移民）；最后，那些迎合法西斯体制的人发现他们与工人群众之间出现了危险的对立。对于大资产阶级和工会官僚来说，一个更好的、不那么麻烦的而且不那么危险的解决方案似乎就是已经出现在德国的那种"国家仲裁"（das staatliche Schlichtungswesen）① 的方式，这种方法已经通过工会立法在英国部分生效，并在蒙德主义（Mondismus）② 那里找到了一个完美的顶点。显然，就无产阶级而言，两种制度所具有的阶级内涵是相同的，只是方法不同。这种方法上的差异意味着，在不同的法西斯国家中，行使权力的阶层是不同的，也就是说，这些阶层以不同的方式共享权力。在这种情况下，整个国际社会民主主义运动之所以会提出这样一个问题也就可以理解了："民主还是法西斯？"通过提出这个问题，它对工人们隐藏了那种真正的、具有阶级属性的目标——有可能在当下帝国主义阶段实现的那种民主——并且支持了对阶级斗争的镇压，制度性地防范工人群体为工资所作的斗争。这同时推进了工会的法西斯化，将社会民主主义和工会官僚整合到法西斯国家机器中。（整个系统的后果之一就是为战争作准备，

---

① 当时德意等国家主张劳资关系问题不能被有组织的活动支配，亦不能脱离政府的管理和监督，因而倾向于取消工人的自由组织，以国家仲裁承担解决劳资纠纷的职能，并推进工人组织的法西斯化。

② 在这里，卢卡奇指的是 1923 年 10 月 30 日德国关于国家仲裁的立法，以及英国于 1927 年颁布的《贸易争端和工会法》。"蒙德主义"的名字来源于英国实业家和政治家阿尔弗雷德·蒙德爵士（梅尔切特勋爵），指的是一种旨在通过建立一个工作社群来结束雇主和工会间冲突的运动。——英译本注

这在保罗-邦库尔①的提议——全面动员的议会法案中体现得最为明显，当然，这也受到美国模式的启发。）因此，正如在无产阶级斗争的第一阶段，揭露对专政问题（资产阶级专政）的错误表述并界定真正的问题（无产阶级专政）是其首要任务，现在的任务则是揭露那种具有误导性的二选一——"民主还是法西斯？"。必须表明，现在在这里所发展起来的民主，以及"西方民主国家"正在发展的那种民主都是法西斯化的。与意大利不同，当前的这种民主建立在大资产阶级和工人官僚的合作之上。因此，我们必须用另一种口号——"以阶级反对阶级"——来反对"民主还是法西斯？"的说法。

在帝国主义的战后发展阶段，国家的作用也经历了根本性的变化，这是由生产体系的变化所导致的。国家和资本主义生产之间出现了紧密的联系：一方面，对于资本主义的生产、投资和积累，国家所能施加的影响稳步增长；另一方面，大规模资本（如银行资本和重工业，后者也是为前者所控制的）对国家的影响也稳步增长。在战前，这种大规模资本与国家的合流就已经在发生，而战后的发展仅仅是加速了这种趋势。然而，阶级斗争的日益加剧迫使国家越来越多地为自己创造制度保障。群众处在混乱和无组织状态之中，他们对于国家政治生活缺乏影响力，公开斗争被法律禁止。这些并不是什么新事物，但如今发生在了一个新的背景之下。这是因为：a）现在，群众在政治上的重要性及其政治水准比以往更高。然而，

_____

① 约瑟夫·保罗-邦库尔（Joseph Paul-Boncour，生于 1873 年）是法国社会主义者，1919 年成为国民议会议员，1928 年之前在国际联盟担任法国代表。——英译本注

与之相抗衡的是：b）大资本可以支配的大众媒体（如出版业等）也更加发达；c）我们面临着一个全新的时刻，即大规模资本与国家的合流正得到工会官僚的支持。在这里，美国同样树立了一个典范。但是，美国和欧洲之间存在根本性的政治与经济差异：a）美国的工人阶级上层（类似于战前的欧洲帝国主义国家）可以获得物质上的满足，其获得物质满足是通过积累、资本输出以及利润的大规模快速增长实现的，而欧洲并不存在让此种快速发展得以可能的基础；b）美国工人阶级缺少欧洲工人阶级那种具有阶级属性的激进传统；c）在许多欧洲国家，资产阶级要么并没有成为政治上的领导阶级（直到战后阶段，如德国），要么是骤然在政治生活中占有了远比过去更为重要的地位（如匈牙利）。因此，如果试图将那种美国式的政治民主（在这种民主中，大众实际上并没有政治影响力）和对阶级斗争的系统性镇压结合起来，这在欧洲是不会产生任何结果的，也达不到美国的理想型。但这并不妨碍资产阶级和无产阶级官僚想要逼近美国这一理想型。然而，欧洲并不存在美国那样稳定的前提条件，因此，没有任何欧洲国家会完全放弃那种古典（即意大利所做的那种）法西斯主义的可能：在阶级斗争加剧、群众与资产阶级分离的情况下，这种选择将始终保持开放。因此，在今天，帝国主义阶段的资本主义国家同样非常关注如何使群众在政治上失能，并在国家内部（或在国家监督下的"社会"内部）整合并组织他们。法西斯化的民主形式是最合适的，但绝不是令此种双重目标得以实现的唯一形式。

　　5. 由于社会和历史条件的不同，匈牙利的发展既不同于意大利的模式，也不同于英美的模式。匈牙利革命的失败使小资产阶级和农民掌权。但他们没有成功地粉碎或瓦解工会运动；与墨索里尼不同，他们更难得到工人阶级的支持。大地主和资本家的联合取代了反革命的小资产阶级与中农，并将其并入国家机器之中。① 在这一领域，他们长期在相互冲突中持续运行，时至今日也是如此。近年来，贝斯伦政权迅速地对国家机器和社会组织加以重建，这将很快使之采取一种西方式的民主（至于贝斯伦或其他人是否真的会进行这种替代，则是一个全然偶然的事情）。最重要的措施为以下几项：a）关于议会议事规则的问题，在那些目前仍执行秘密选举的选区实行公开选举②，这将使得政权能延伸到各个省，甚至各个村庄；b）新的新闻法，通过征收保证金，以及提升个人责任制，可以以合法的方式阻止反对派新闻的出现；c）废除城镇和其他地区的自治；d）上议院，确保大规模资本的霸权不受限制，与各级议会并驾齐驱③；e）对于结社和集会的权利加以修订，为现状提供法律支持，即彻底取消工农结社与集会的权利；f）国家法西斯化；g）法西斯主义的文化政策；而最后一条是最重要的，h）通过引入国家仲裁来废除罢工的权利。一旦这座大厦得以完成并且足够稳

---

① 小资产阶级和农民在颠覆匈牙利苏维埃共和国的过程中起到了一定作用，在颠覆后建立的几任政府中，他们也占有一定的席位（如苏维埃政权颠覆后的首任政府由右翼社会民主党人领导，霍尔蒂及其拥趸也在其专政初期，竭力向城乡中下阶层讨好献媚，声明必须限制地主和资本家的剥削）。但随后，1921年4月贝斯伦联盟的执政标志着匈牙利的国家政权逐渐从作为反革命社会基础的中小资产阶级手中转到大地主、大资本家手中。

② 秘密选举即不记名投票，公开选举即以欢呼、唱名、举手、双记名（将选举人与被选举的人名字都写在选票上）等方式组织选举。这是当时欧洲最落后的选举方式。

③ 1927年，匈牙利恢复上议院，部分议员由贵族家族选举，部分议员由摄政王任命，首先是从高级僧侣、不同的资产阶级利益的代表人物和贵族家庭成员中选择。

定，那么就没有什么能够阻止贝斯伦及其自由主义后继者过渡至"普遍的"、隐秘的选举权，废除所有不合规的法律政策，从而完全转向西方式民主的立场。对于这样的民主制度来说，一个合法加冕的君主才是最合适的。这样的民主制度将为匈牙利的反革命提供社会基础，使之能够为英国服务，而参与反对苏联的战争。在以下这一点上，从贝斯伦到耶诺·基斯，其立场是一贯的：清算资产阶级民主改革以及这种改革所关切的资产阶级民主。来自小资产阶级的法西斯分子对贝斯伦等人的反对并不重要，其最热心的支持者和宣扬者是社会民主党。因此，随着资本主义生产和反革命趋势日益加强，而革命的愿景渐行渐远，匈牙利的反革命也进入了"西方的发展阶段"。匈牙利共产党是唯一代表真正民主而与贝斯伦政权作斗争的力量。

6. 这场斗争的高潮必然是力图实现民主专政的斗争，党必须保留其早先的口号，即关于共和国的口号。① 就像大地主和大资本的力量在合法君主的加冕礼上得以彰显，为共和国所作的斗争也同样会被群众看在眼里：为一切基本的自由而斗争，为结社、集会甚至罢工的自由而斗争。在宣传这样的口号时，共产党人绝不允许自己被社会民主党那所谓的共和主义宣传误导。相反，必须指出的是，对社会民主主义者而言，共和国仅仅是为了抵御"合法主义"（Legitimismus），是抵御小资产阶级的阿尔布雷希特党（Albrecht-Partei）中法西斯主义者的看门狗。当然，无论是现在还是将来，

---

① "共和国"的理念是社会主义工人党最核心的口号。该口号拟定于共产国际第五次代表大会之后，并在匈牙利共产党第一次代表大会上通过的过渡性纲领中发挥了作用。——英译本注

党都不能孤立地使用共和国的口号。共和国的口号仅能在为争取完全之民主的斗争这一意义上被使用——争取工人和农民领导下的政府，反对以民主取消民主。它可被用于实现"以阶级反对阶级"的口号，用于为那种确保民主专政所必需的斗争而进行动员。（然而，对待共和国的这种态度只有在以下情况下才是可行的，即只有当大土地和大规模资本所有者试图推行一种合法的君主专制［legitimes Königtum］时才有所作用。如果出于其他原因，如外交政策方面的原因，他们放弃了这样的愿景并且按照德国和奥地利的路径采取了一种资产阶级共和制，那么匈牙利共产党就必须修改其在策略上的口号，但其战略路线不会有任何改变。）

7. 这场为工人而发起的斗争必须与工人的诉求紧密关联，这必须在最严格的意义得以理解。必须指出，工人生活水准的下降，以及罢工权利的取消，这两项是整个"民主"法西斯主义的核心所在。因此，为民主专政而进行的斗争必须深植于工人之中，并且与反对法西斯主义及国家仲裁的斗争密切结合。在这场斗争中，所有那些民主自由权利（结社和集会的自由，出版的自由）对工人阶级日常阶级斗争实践的重要性必须被指出；一些运动发生在工厂之中，以工人的自由为目的，这些运动必须得到支持（如建立车间管理制度、工厂委员会），而政府采取的任何与工人运动对立的措施（如驱逐，警察，反对矿场和农场劳动者的罢工）都必须被废除。简而言之，反对资产阶级权力的斗争必须和工人的日常所需结合起来。正是在这些日常问题上，必须揭露社会民主党人的背信弃义，以及社会民主党人是如何主动扭曲自身来迎合民主制下的法西斯主义。然而，无论反对资产阶级自由中所体现之虚无主义的斗争是何等激烈，从资产阶级社会中工人的角度来看，不断地强调民主的相对价值仍是必要的，在民主专政中也是如此。"压迫者与被压迫者、资产阶级与无产阶级之间不可能平等"（列宁）。① 即使是资产阶级民主的最完美实现，也绝不会消除对工人阶级的剥削。

8. 在匈牙利的发展过程中，其突出特点之一就在于封建的土地所有制没有受到限制，而资本主义已经达到了较高的发展阶段且仍在持续发展。事实上，土地改革反而恶化了当前的土地所有状况。② 在统治阶级中，有个别成员已经超出了乡绅们的陈腐态度，他们很清楚在土地分配的现状中孕育着农民革命的种子，而为了避免这种情况，他们在谈论一场新的土地改革的可能。然而，通过改革的途径，就算是想要做出一点最微小的改变都是不可能的，因为大土地所有制和大规模资本已经走得越来越近。中农乃至最广大的下层农民都不拥有任何政党。而在这方面，城市小资产阶级与社会民主党人也追随着大规模资本的步伐，而没有任何异议。同样，在这里，匈牙利共产党是唯一一个坚持着资产阶级革命之诉求并予以实行，处在其旗帜之下的政党：无偿没收大地主的财产，以革命的方式占领土地，为农民将土地解放出来！除非有一以贯之的宣传层面上的斗争，和坚决的、革命性的努力，否则工人和农民的联合，以及民主专政都不过是一句空话。匈牙利共产党必须尽其所能地争

---

① 可参见《无产阶级革命和叛徒考茨基》中的"被剥削者同剥削者能平等吗？"这一部分。——英译本注

② 贝斯伦政府曾实行土地改革，规定没收地主10％的土地交给农民。但这仅仅占大地产的很小一部分，而且往往是大地产中较为贫瘠的一部分。同时，为了获得这些土地，农民需要缴纳高额的赎金，他们往往举债赎地，但后来因为无法偿还债务，又被迫拍卖了自己的土地。

取更多的土地劳动者和贫农参加其革命计划。因此，它必须吸引那些尚未失去与土地之联系的工人，它必须有规律、有组织地与土地劳动者建立起联系，努力在农村的下层中站稳脚跟。为了重新获得农民的信任（他们曾因反革命而遭受幻灭），党必须就无产阶级专政在土地政策上的失败进行无情的自我批评；必须坦率地指出党已经放弃了它在专政时期的立场①；在党内，必须让每个党员都明白，这是一个对党来说具有决定性意义的战略问题，也是夺取政权和解放无产阶级的必然前提。有一些观点认为"距离社会主义还有很长的路要走"或"维持生产与供养工人阶级是两种全然不同的诉求，需要不同的政策"等，对于这些观点不能作出任何妥协。所有党员必须明白，这是从资产阶级革命过渡到无产阶级革命的根本问题；他们必须明白，大地主和大资本的力量只有通过这种革命才能被消灭，而封建残余也只有通过消灭资本主义才能被消灭。

……②

D. 宣传口号与党的直接任务

30. 根据以上的阐释以及我们所列出的种种任务，匈牙利共产党的活动将围绕以下宣传口号而展开：

a）为推翻贝斯伦政权而战。反对一切伪-反对派，反对资产阶级和社会民主主义的伪-反对派。不与资产阶级缔结联盟。阶级反对阶级——工农联盟万岁。

在民主框架内反对法西斯主义的实现。反对"民主还是法西

---

① 匈牙利苏维埃共和国执政期间对土地问题的处理并不成功，其具体举措与消极影响可参见前文中的注释。
② 其间省略：2）反对工会法西斯化的斗争；3）反对战争的斗争。

斯?"这一会给工人们造成误导的口号。反对作为法西斯主义之支柱的社会民主主义。争取保障工人阶级运动之自由的普遍自由（集会与结社的权利、出版的自由、罢工的权利）。在综合这些基础自由权利的基础上，为建立一个由工农政府领导的共和国而斗争。

为工农民主专政而斗争，为无产阶级专政而斗争。

争取贫农以革命占据土地；争取无偿没收所有超过 100 英亩的地产，为农民提供土地。

b）争取工人运动中阶级斗争的统一体（klassenkämpferische Einheit der Arbeiterbewegung）。反对工人运动的分裂和瓦解。反对破坏党组织的官僚政治。捍卫内在或外在（在必要的时候）于工会的阶级战斗性，反对官僚主义。在捍卫工会的阶级战斗性时，我们不能让自己被工会的规则束缚。

捍卫工会，反对法西斯主义，反对贝斯伦政权及其盟友，反对官僚主义。清除和解性的批评，工人阶级的经济处境只有通过阶级斗争的完成才能得以补救。

八小时工作日。实际工资制度①，失业补助，反对合理化（Rationalisierung）措施。

阶级斗争问题涉及整个工人阶级。将无组织的工人带入工资斗争中。将无组织的工人带入激进的工会。

"非政治性"也会扼杀经济斗争。"非政治性"的偏见或犬儒主义会将工人引向法西斯主义。将经济斗争政治化。倡导所有罢工工

---

① "平时的实际工资"（peace-time real wages）指的就是实际工资（real wages），这一成果曾于 1913 年取得。——英译本注

人的团结。打击破坏罢工者。反对支持破坏罢工者的国家——国家限制罢工的可能，支持反-罢工的法令。与法西斯斗争，争取对街道的控制。

工厂是阶级战斗工人的堡垒。店员制度。工厂委员会，违背官僚之意愿的工厂工资运动。组织激进阶级斗争的基础在于工厂。以宣传实现产业联合之观念的实现。

VSZI① 万岁。传播 VSZI 的意识。加入 VSZI。

c）贝斯伦政权正在将匈牙利推向战争。敌人不在外部，就在我们之中。不要地区性各自为战，打击修正主义的阴谋诡计。只有通过无产阶级的国际革命才能实现国家的解放。

社会民主党是贝斯伦政权的激进后备军。社会民主党是中间派的后备军（伪装为反对派）。远离拥护贝斯伦战争政策的佩耶尔和耶诺·基斯。

贝斯伦政权正准备对苏联开战。必须保卫苏联，抵御帝国主义的进攻。把战争变成内战。工农兵，去苏联红军吧。

打倒和平主义的幻想。国际联盟的"和平"恰恰是准备对苏联开战。激进的和平主义欺骗了工人。他们相信战争可以在最后一刻被阻止。（然而，无论是抵制还是总罢工，都无法做到这一点。）

取消对军队的抵制。加入军队。加入莱文特运动。走进军工厂，加入铁路、邮局、电报局。加入一切战争所必需的组织，以便可以瓦解它们，用资产阶级的武器和战争手段对付资产阶级。

---

① VSZI，即赤色工会国际（Red International Labour Unions，亦称"RILU"［英文缩写］和"Profintern"［俄文缩写］）。——英译本注

在士兵中引起动荡（必须解决他们的需求）。

31. 以上列出的匈牙利共产党的任务及宣传口号需要驱动党的基层组织和工厂政治领导小组，需要在其政治工作中占据核心地位（比以前更加核心）。需要将工厂的政治化作为一项最根本的任务。不管匈牙利共产党的口号主要针对的是哪个领域，它们构成了一个自相一致的体系，不能让工人孤立地对其进行解释，更不能仅凭个别口号就领导工人进行斗争。这种一致性的真正基础就在于：工人阶级的生活以及他们的日常问题。只有这样，这些口号才有可能正确地渗透到工人的血液中。那么，任务就在于把握工厂中发生的一切，把握其中所有直接、具体的问题，把它们与总体形势即工人阶级的解放联系起来。通过使他们的工作适应这种发展，通过将具体的、日常性的问题进行普遍化，通过使他们的工作顺应国内和国际形势，小组必须帮助工人克服它们的自发性和斗争中的狭隘与局限，而又不失去与具体的日常问题的关联。工厂应当成为我们的堡垒。

工厂是我们的战略的起点。无论是我们的斗争还是匈牙利共产党（经由其各个派别）的一切群众工作，只有当它们完全立足于工人之生活与阶级斗争之中（也就是工人在工厂中的生活）时，其成功才会得到保障。

译后记

　　我与卢卡奇的初次"邂逅",便是他的《历史与阶级意识》。书中有关"物化"的论述"击中"了我,带给我一种不同于阅读其他哲学文本的体验。卢卡奇与"物化"第一次让我有了一种迫切展开自己的思考的感受,令我忧虑如自己这般的个体在物化世界中将何去何从。

　　我相信,《历史与阶级意识》以类似的方式"击中"过许多人。正因如此,这部作品被视为"西方马克思主义"的经典,在整个现代思想史上也有一席之地。但《历史与阶级意识》的光芒是如此耀眼,以至于卢卡奇其他作品的灵光多少被它遮掩。《尾巴主义与辩证法》正是这样一部作品:它是卢卡奇的"自辩"与"澄清"之作,所针对的正是过分执着于《历史与阶级意识》中的只言片语的批评者;它也代表了他在特定阶段对于物化世界中的人该"怎么办"的回答。在我看来,它的理论品质及其在卢卡奇思想发展中的地位都不容低估。

　　正是在《尾巴主义与辩证法》中,卢卡奇接续了其在《历史与阶级意识》后半部分有关"组织问题"的讨论。卢卡奇明确地将"阶级意识"置于革命政党的活动当中，这种意识"生成"于政党与群众的互动、理论与实践的交织以及"过程"与"时刻"的辩证关系，指向对复杂历史情境的具体把握。一方面，这一理论有助于回应批评者的质疑——后者往往认为卢卡奇在"观念论"的框架下展开其阶级意识学说，令阶级意识的形成变成了"历史逻辑"的预先规定或"主观意志"的"绝对创造"，其代价则是脱离具体的历史进程。另一方面，这一理论也为人们理解卢卡奇后续的思想发展提供了线索。譬如，他关于社会主义民主的论述在一定意义上肇始于并充实了"政党—群众"的互动这一观念；他对现实主义文学的赞赏也在一定程度上源于此种文学表现出的对复杂历史情境以及其中历史主体之能动性的敏锐洞察。因此，《尾巴主义与辩证法》可被视为一部"承前启后"之作：它接续了《历史与阶级意识》中一些最有力且有趣的论点，并为其作出了辩护；一个"去物化"设想的轮廓也从中浮现，并在后续作品中被进一步填充。且不难发现的是，上述设想所涉及的诸多方面——如对社会主义民主的强调、对复杂历史情境的把握等——均与当下现实密切相关。因此，对《尾巴主义与辩证法》的仔细"耕耘"，既是在"发现"一个更丰满的卢卡奇形象（相较于许多批评者对他所做的扁平化理解），也意味着强化其与当下时代的相关性。

　　获得翻译这样一部"重要著作"的机会是我的荣幸。为此，我要感谢我的硕士导师夏莹老师和南京大学张亮老师，承蒙两位老师的信任。我要感谢南京大学刘健老师承担校对工作，他的"兜底"让我的心理压力减轻不小（当然，我仍是文中任何错漏的第一责任人），以及清华大学马克思主义学院李义天老师，他曾给予我许多翻译上的训练与实操机会。

在翻译过程中，我尽了最大努力来还原那种曾"击中"过我的力量，希望能将这份体验传递给更多读者。但碍于才疏学浅，错漏疏失在所难免，请广大同仁不吝指正。

谢廷玉

2024 年 5 月